第1詩集

조국을 빛낸 성좌

云瑞 張基雄

홍익출판사

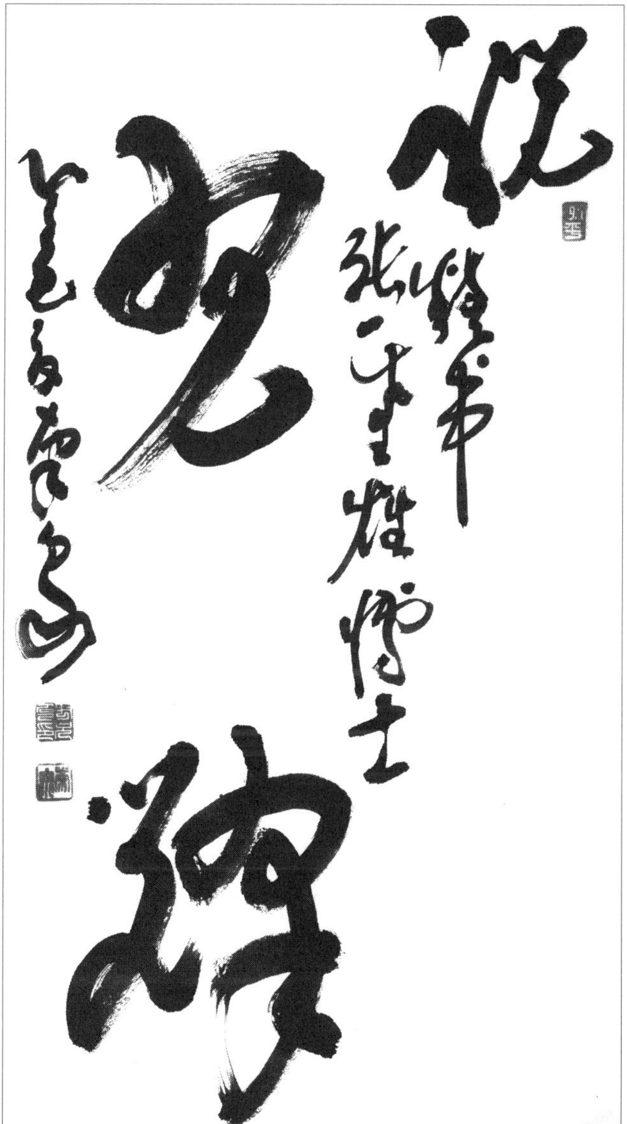

祝 精書 張基雄 博士
光 輝 癸巳夏 南泉

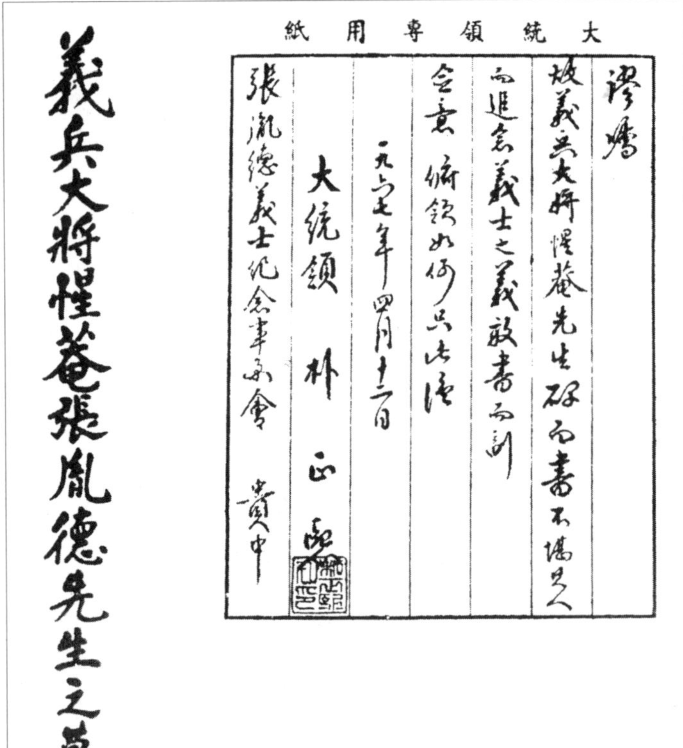

墓碑題字 (朴正熙大統領親筆)

謬囑
故義兵大將 惺菴先生 碑面書는 不堪其人이나
而追念 義士之義하야 敢書而副
僉意하오니 俯領如何오 只此謹하오이다
一九六七年 四月十二日
大統領 朴 正 熙
張胤德義士記念事業會 貴中

– 해 석 –

위촉하심에 황송하와
고 의병대장 성암선생 비석앞면의 글은
감히 그 사람이라도 감당하기 어려우나,
그러나 의사의뜻을 추념하여 감히 글씨를 쓰서
모두의뜻에 부응하오니,
굽어 헤아려 주심이 어떻겠습니까
이만삼가 그칩니다.

1967년4월12일
대통령 박정희
장윤덕의사기념사업회 귀중

(위 草書를 正字로 빠꾼 글)

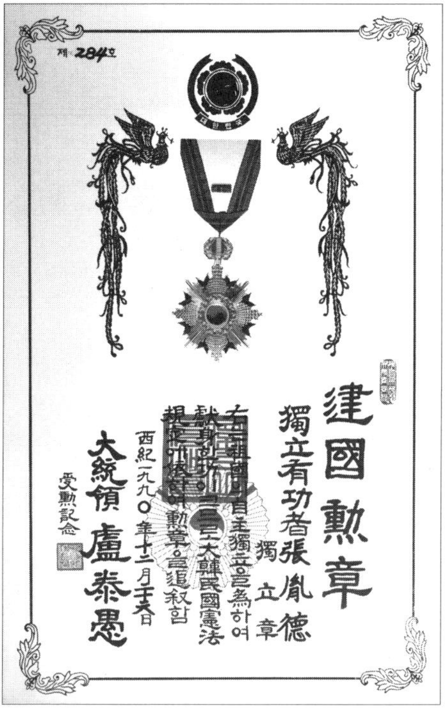

建國勳章

獨立有功者 張胤德

獨立章

右는 祖國의 自主獨立을 爲하여 獻身한 功이 크므로 大韓民國憲法 規定에 依하여 勳章을 追敍함

西紀 一九九〇年 十二月 二十六日

大統領 盧泰愚

受勳記念

▲장윤덕의사 건국훈장 독립장

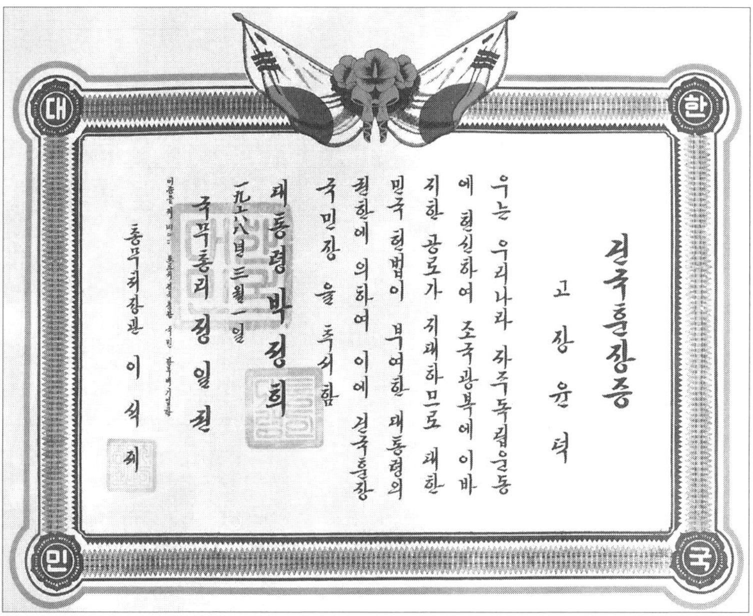

건국훈장증

고 장윤덕

우는 우리나라 자주독립운동에 헌신하여 조국광복에 이바지한 공로가 지대하므로 대한민국 헌법이 부여한 대통령의 권한에 의하여 이에 건국훈장 국민장을 추서함

一九六八년 三월 一일

대통령 박정희

국무총리 정일권

총무처장관 이석제

▲장윤덕의사 건국훈장 국민장

▲묘비 제자 박정희대통령 친필
▲장윤덕의사 묘소(경북 예천군 예천읍 보문리)

▲장윤덕의사 순국기념비(경북대학교 內)

自序

따뜻한 감성적 삶과 감미로운 선율旋律

바람개비처럼 돌아간 세월 속에서 삶의 근원(根源)을 찾아 살아온 것이 벌써 팔순(八旬)을 바라보는 격랑(激浪)의 세월을 가로질러 뒤늦게 퇴색된 기억 흔적을 돌이켜 보는 마음의 틈새를 다시금 돌이켜보면서 따뜻한 어루만짐으로 아득히 간 세월들을 황홀한 맞이로 오늘을 음미(吟味)하여 보고 싶은 신선한 충격으로 다가온다.

다시금 잠시나마 인생이란 중량감에서 오는 삶의 무게를 내려놓은 일상의 처소에서 질긴 인연(因緣)으로 운명처럼 만난 그 소중한 이들의 정겨운 모습들도 지금은 옛 형상의 편린(片鱗) 같은 존재이지만, 내겐 문신(文身)처럼 못내 지워버릴 수 없는 한없이 티 없는 맑은 영혼들이어서 기억 흔적에 남아 있는 그리움의 정신풍경(精神風景)으로 각인(刻印)된 이름들을 눈물겹도록 가슴이 저며 와도 만날 수 없는 안타까운 심경의 갈피를 정리하여 풀어헤친 사유(思惟)의 편린(片鱗)들을 낱낱이 모아 이렇게나마 조심스럽게 지난날 되새겨 보며 느낀 향수와 애환(哀歡)을 세 권의 시집으로 분류하여 담아내고 엮어 보았다.

이토록 강물처럼 덧없이 흘려보낸 삶이란 희로애락(喜怒哀樂)의 동고동락(同苦同樂)을 튼튼이 이어온 관계 층위(層位)의 심상(心像)이기에 물안개에 가려진 아득한 정신풍경을 실체가 명백하게 고정되도록 잠시 전의식(前意識)의 따뜻한 감성(感性)으로 눈물겹게 삶의 장단을 '느림의 미학(美學)'으로 낮게 추슬러 보면서 조국을 위해 숭고한 희생을 더욱 짓밟은 일제 강점기의 정책으로 선산마저 빼앗긴 원통함을 손자인 네가 되찾으란 선몽(先夢)은 너무 고통스러워 이제야 시집을 내면서 세상에 알려 한(恨)을 풀었으면 하는 것이 내 나름의 소박한 소망이다.

감히 한꺼번에 시전집 형태로 『조국을 빛낸 성좌(星座)』(제1시집), 『어머니 정감(情感) 어린 향기』(제2시집), 『물꽃이 세월에 애원(哀願)한들』(제3시집)을 세 권의 시집으로 묶어내게 됨을 독자 여러분에게 많은 이해를 바라면서, 다시 한 번 삶을 뒤돌아보면서 지금까지 부족한 저를 위해 도움을 주신 고마운 분들에게 글의 모두(冒頭)에서 깊은 감사를 드립니다.

2014년 4월

云瑞 張基雄 識

축간사

김 원 중

(한국문인협회고문 · 포스텍명예교수)

동토를 벗어난 희망의 계절 봄을 맞아 장기웅 시인의 처녀시집 『조국을 빛낸 성좌(星座)』(제1시집), 『어머니 정감(情感) 어린 향기』(제2시집), 『물꽃이 세월에 애원(哀願)한들』(제3시집) 한꺼번에 세 권의 시집을 간행하게 됨을 먼저 축하 말씀을 드린다.

책을 낸다는 것은 반가운 일이다. 더구나 장기웅 시인은 팔순을 앞두고 처녀시집을 세 권이나 한꺼번에 낸다는 것은 여간 힘든 일이 아닌데도 용기를 내어 세상에 선을 보이게 하였으니 참으로 축하할 일이다.

제1시집 조국을 빛낸 성좌(星座), 제2시집 어머니 정감(情感) 어린 향기, 제3시집 물꽃이 세월에 애원(哀願)한들.

원고를 읽어보니 독립운동가 장윤덕 의병대장 조부님에 대한 남다른 뜻 깊은 관심을 가진 것은 일제말살정책으로 조부님의 영혼의 자리 선산을 빼앗긴 것이 원통하고 억울해서 세상에 알리고져 『조국을 빛낸 성좌』란 시집을 낸다는 것은 참으로 존경스럽게 생각한다.

그리고 아직도 그리워하는 어머니에 대한 사랑 글을 쓴다는 것은 남다르다.

시 내용에도 내재된 다양한 소양(素養)을 풀어내어 접목시킨 건축사와 철학박사답게 건축, 주역, 음악, 스포츠, 사랑의 정결, 시조 등을 자연스럽게 매치(match)시켜 다재다능하게 쓴 것이 돋보였다.

특히 축척이 남긴 족적은 콘텐츠(contents)도 좋고 장시인의 팔순의 앞둔 역정의 열매가 아닌가 거듭 축하의 말씀을 드린다.

장기웅 시인을 처음 만난 것은 몇 해 전, 한비문예창작대학에서 첫 인연을 맺었다.

장시인은 이미 건축사로서 대구광역시건축사회 회장과 대학에 출강, 철학박사로 명망이 높은데도 구태여 시를 공부하겠다고 한비문예창작대학에 찾아왔었으니 참으로 반가웠다.

공자님 말씀대로 "나이 들어 가장 즐거운 것은 공부하는 것이다."고 하였는데, 장시인은 더구나 시를 공부하겠다고 하였으니 어찌 대견스럽고 존경스럽지 아니 하랴.

그 이후 장기웅 박사는 열심히 시 창작에 매진하여 문단에 데뷔까지 마쳤었다.

그리고 간간히 소식을 들었으나 이렇게 많은 작품을 남길 줄 몰랐었다.

희망의 계절에 이 시집이 봄날처럼 따뜻하게 독자들의 가슴을 적시기를 바라며 거듭 축하드리는 바이다.

2014년 4월

●● 축사 축원의 글 ●●

박 해 수
(시인, 문학박사)

오매불망(寤寐不忘), 오매불망(寤寐不忘),
팔순에 잠 못 드는 시인의 열정(熱情)과
시심(詩心)을 뜨거운 가슴에
비문(碑文)으로 새기는 시집 세 권

장기웅 시인의 시집 『조국을 빛낸 성좌(星座)』(제1시집), 『어머니 정감(情感) 어린 향기』(제2시집), 『물꽃이 세월에 애원(哀願)한들』(제3시집) 세 권의 시집이 동시에 상재(上梓)된다.

정말 뜻 깊고 장하신 일을 하셨다.

장기웅 시인과의 교분은 2008년 여름 대구 반월당 한비문학 사무실에서 첫 만남이 이루어졌다.

건축사이시고 박사학위를 가진 지성적인 건축가로서 대구 경향각지에서 혁혁한 건축설계와 감리로 사회에 많은 봉사와 헌신을 해 오신 분이신데, 칠순 중반에 만남이 팔순이 오는 길목에서 이제 만학(晩學)으로 시의 길, 시인의 길로 다가오셨다.

장기웅 시인은 나라 잃은 설움과 한을 나라에 바친 장

윤덕 의사의 손자이시다.

조부님의 뜨거운 민족혼 조국애의 열정과 혈통을 이어받은 장기웅 시인은 조부님의 애틋한 민족혼과 애국혼을 잊지 못하여 오매불망(寤寐不忘) 그리워하는 마음으로 첫 시집 『조국을 빛낸 성좌』는 장윤덕 조부님을 그리는 애틋한 손자의 시정(詩情)과 그리움을 엮어 시혼을 아로새기고 있다.

시집 『조국을 빛낸 성좌』에서 조부님을 그리워하는 손자 장기웅 시인의 애틋하고 가슴 에이는 아픔을 노래한 시 귀절이 있다.

지고지순至高至純한 애국 애족 정신
할아버지처럼 지켜 늘 잊지 않은
조국애祖國愛의 후대後代다운 손자가 되어
겨레 위한 참사랑에 가름하오 나니
영원무궁 하소서 영원무궁 하소서

※ 영민靈悶 : 영혼으로서도 근심걱정 하신다는 뜻

영민의 세계에서 조부님과 손자가 교통하는 절절한 시이다.

시인의 조부님에 대한 공적을 요약해서 설명 드린다.

"장윤덕(張胤德) 의사는 1872년 7월 6일 경북 예천군에서 통정대부 장재안의 장남으로 태어나 일찍이 한학을 닦아 예천군 수서기를 지냈다. 1905년 12월에 을사늑약이 체결되어 국권을 상실할 위기에 이르자 이에 비분강개하여 국민들에게 항일구국사상을 고취시키고 친일반역행위를 엄단하겠다는 경고로써 민중들의 각성을 촉구하였다.

1907년 4월에는 분연히 일어나 일제의 침략원흉인 이또오히로부미(伊藤博文)를 비롯한 매국적신들을 살해하고자 서울로 올라왔으나 배신자의 밀고로 실패하고 고향으로 피신하여 다음 기회를 노리다가 7월에 격문을 각지에 발송하고 300여 명의 의병을 규합하여 의병진을 편성하여 의병장으로 활약하였다.

주로 풍기, 봉화, 문경, 용궁, 예천 등지에서 활동하였으며, 그해 8월 27일에는 의병 300여명을 인솔하고 풍기 일경분파소를 습격하여 일본인 1명을 사살하고, 31일에는 봉화분파소를 습격하여 건물을 불태우기도 하였다. 또한, 9월 3일에는 문경읍을 습격, 일본인 2명을 사살하고 일인의 가옥을 소각시켰으며, 10일에는 이강년, 민긍호 등의 의진과 합세하여 1000여명의 의병을 이끌고 문경면 갈평리에서 경찰대 및 수비대와 격전하여 적 3명과 한인 순검 2명을 사살하고 적을 격퇴시켰다.

동년 9월 12일에도 예천읍을 습격하였음은 물론 16일 300여 명의 의병을 이끌고 대구수비대를 격파하고자 상주읍을 습격, 일경의 자위단과 교전 하였다. 이 전투 중 대구수비대 다나카(田中) 대위가 1개 중대를 인솔하고 출동하여 격전이 벌어졌으나 중과부적으로 의병진은 무너지고 장윤덕 의사는 총상을 입고 체포되었다. 체포된 후 이

송되어 혹독한 고문을 당해도 굴하지 않고 스스로 혀를 끊고 함구하며 항거하다가 1907년 9월 16일 상주군 함창면 구향리 뒷산에서 총살을 당하니 향년 35세의 일기로 조국 앞에 거룩한 생애를 마쳤다.

경북대학교 교정에 장윤덕 의사 기념비가 있고, 묘소는 예천군 보문면 수계동 보문산에 있으며, 박정희 대통령 친필로 묘비명이 각인되었다.

정부에서는 선생의 공훈을 기리어 건국훈장 국민장(1968. 3. 1)을 추서하였으며, 건국훈장 독립장(1990. 12. 16)을 추서하였다."

조부 장윤덕 의사의 꿋꿋한 뜻과 열정을 이어 받은 장기웅 시인은 보따리 보따리에 시를 껴안고 범어동 한적한 식당에서 보따리를 풀어 놓고 시의 숨결, 시의 영혼을 풀어놓고 있었다.

2014년 만물이 싹트는 봄을 맞아, 장기웅 시인은 이제 웅혼대담(雄渾大膽)한 조부님을 생각하면서 조국을 빛낸 성좌와 어머니의 정감 어린 향기, 물꽃이 세월에 애원한들 한 생애 삶의 편력과 삶의 애환을 팔순이 되어 못다 한 애환과 아쉬움을 세월에 애원한들 무슨 소용이 있으랴. 빼앗긴 조부님의 선산과 잃어버린 민족애환의 수난사 가정사를 시로 표백하고 있다.

늦으나마 이제 장윤덕 의사(義士)는 손자인 장기웅 시인으로 하여 부활(復活)한다.

시의 혼이 뜨겁고 시의 열정이 뜨거워 고인이 된 장윤

덕 의사(義士)의 영혼과 장기웅 시인의 살아 있는 영혼이 세 권의 시집으로 다시 만난다.

언제 어디서 무엇이 되어 다시 만나랴? 조부는 독립투사, 독립의사(義士)로 손자 장기웅 시인은 시인으로 조부와 함께 뜨거운 영혼으로 포옹하고 껴안고 살을 부비며 한 세기를 흘러가는 길목에서 뜨거운 시의 영혼으로 다시 부활하고 다시 만난다.

어찌 아름답고 뜻 깊은 일이 아닐까. 회자정리(會者定離), 회자정리(會者定離) 시로서 다시 만나는 아름다움 역사의 아름다움 혈연의 아름다움이 아니랴. 민족혼 우리의 아름다움이 아니랴.

장기웅 시인의 시집 세 권 동시 상재를 두 손 모아 축원(祝願), 축하(祝賀)의 글을 가슴과 심장에 모아 함께 드린다.

2014년 4월

目次

제1부 깊고 넓은 바다 같은 그길

제2부 풍성한 옛정 그 자리 머물고파

제3부 고향 토담 정겹게 토닥여 만져보련다

제4부 산수유 꽃망울 따라 향기 피는 새잎사랑

제5부 나날이 나날을 안고 넘어

제1부

깊고 넓은 바다 같은 그길

조국을 빛낸 성좌星座

- 祖父님의 先塋를 參拜하면서 -

겨레의 피압박被壓迫 광복光復시키려
영욕榮辱의 자리 벗어나 일신一身을 던져
청춘을 불사른 성암惺菴 장윤덕張胤德 의병대장
저를 있게 한 할아버지시여!

참혹慘酷한 희생犧牲을 마다하지 않은
거룩한 조국의 님이시여
작은 표석標石에 남긴 행적行蹟보다
많고 많은 통한痛恨의 사연事緣

뼈를 깎아낸 고통에도
오직 조국광복 위해 홀연忽然히
후회 없이 영면永眠하신 그 자리에선
조국 위한 영민靈悶 일랑 그만 접어두옵소서

의병대장이란 빛낸 명성名聲 그 업적보다
깊은 사료史料 남겨주신
겨레 위한 숭고崇高한 아름다움이시여
무어라 말씀드려 삼가 위로慰勞 드릴까요

그렇게 희생하신 뒷자리가
고작 이끼 낀 적막寂寞한 산자락
영혼英魂의 자리 선산先山마저
일제 말살정책抹殺政策에 빼앗겼어도

소멸시효消滅時效란 미명美名에
되찾지 못한 참담慘憺함을
어디 뉘에게 호소하여
소유권 원상회복原狀回復 하리까

너무 너무나 참절비절慘絕悲絕한 심정으로
팔순으로 치닫는 나이에도
빼앗긴 소유권 억울抑鬱하고 원통冤痛하여
엎드려 오열嗚咽하다 혼절昏絕하여 깨어나니
별빛이 저를 위로하듯 하옵니다

조국발전 염원念願을 산과 바다처럼
늘 푸름 바라신 그 애틋한 귀결歸結이
오늘에 번영繁榮낳은 초석礎石 되어
지구촌 곳곳에 겨레의 깃발 날린
정녕 그 고마움에 자긍심自矜心을 노래하나니

지고지순至高至純한 애국 애족 정신
할아버지처럼 지켜 늘 잊지 않은
조국애祖國愛의 후대後代다운 손자가 되어
겨레 위한 참사랑에 가름하오 나니
영원무궁 하소서 영원무궁 하소서

❖ 영민靈悶 : 영혼으로서도 근심걱정 하신다는 뜻

■ 시작 메모 ■

장윤덕(張胤德) 의병대장 공적(功績)

장윤덕 의병장은 1872년 7월 6일 경북 예천군 예천읍 노상리에서 재안공(載安公)의 장남으로 태어났으며 자(字)는 원숙(元淑)이요, 호(號)는 성암(惺菴)이며, 태사공(太師公) 장정필(張貞弼)을 도시조(都始祖)로 본관은 단양인이다.

그는 어려서부터 지조가 강직하였으며 애국심 또한 투철하여 항상 국가의 쇠퇴해감을 개탄하고 민족의 앞날을 걱정하였다. 또한 효성이 지극하여 그의 부친 재안공이 30리 떨어진 보문사에서 3년 동안 공부를 하고 있을 때 매일 하루같이 강(江)을 건너가서 문안을 드렸으며 여름 장마에 강물이 불어 강을 못 건널 경우에는 강뚝에 올라가서 아버지를 향하여 읍을 올렸다.

그는 일찍이 한학을 닦아 그 문장이 향토 고을에 널리 알려져 소년 재사라 일컬었다. 약관(弱冠) 이후에는 더욱 학문에 뜻을 두었으나 기울어져 가는 나라를 구하는 한편 동포를 보호 하고자 학문을 중단하고 예천군 수서기(首書記)로 취직하여 군(郡) 행정을 맡아서 불법과 부정을 물리치고 바른 행정으로 군민(郡民)들을 돌보는데 온 힘을 기울였다.

1905년(을사년) 일본의 무력 협박으로 망국조약이 강제로 체결되어 나라의 주권은 일본의 손아귀에 들어가고 조국의 운명은 풍전등화와 같이 위급했다. 그는 책상을 치며

울부짖다가 수서기(首書記)직을 그만두고 국민들에게 항일 구국 사상을 불러 넣으며 만약 친일 반역 행위를 하는 자는 가차 없이 엄단 하겠다고 경고하여 민중들의 각성을 촉구하였다.

1907년 4월 그는 분연히 칼을 잡고 일어나 일본의 원흉 이등박문(伊藤博文) 및 매국 대신들을 죽이고자 상경하였으나 배신자의 밀고로 뜻을 이루지 못하고 잠시 피하였다가 걸인으로 변장하여 고향으로 돌아와 다음 거사를 꾀하고 동지 규합에 힘을 기울이며 기회를 엿보았다.

1907년 7월 의병장 이강년이 의거 하므로 그도 국난을 호소하는 격문을 돌려 300여명의 의병을 규합하여 의병을 편성하고 이강년 의사와 합진하여 일천여명의 병력으로 풍기 봉화 문경 용궁 예천 등지의 왜적을 격파하며 피의 항쟁을 계속하였다.

동년(1907) 7월 9일 그는 영곡경시(永谷警示)가 지휘하는 일본 경찰대와 싸워 일본 보조원 3명과 한인 순사 2명을 사살하고 친일 반역자를 사살하는 동시에 가옥과 가산을 불 태워 버렸다.

동년(1907) 8월 27일에 의병 300여 명을 이끌고 풍기의 왜 헌병 분과소를 공격하여 물리치고 이어서 9월 3일 봉화와 왜관의 관헌을 무찔렀으며 다시 문경과 용궁의 관헌과 일본의 앞잡이를 붙잡아 소탕함으로서 이 일대에는 왜의 경찰서 뿐만 아니라 관공서 행정 기구들은 모두 상주로 철수하여 의병이 그 일대를 장악하였으며 주민들은 자유로움을 되찾았다.

동년(1907)년 9월 10일(음력 8월 3일) 함창에서 점촌을 거쳐 문경새재를 넘는 중턱에 마고城(할미성)이라는 요새가 있다. 여기서 북쪽으로 20리에는 문경이 있고 문경의 오른쪽 골짜기로 40리 들어가면 충주 단양 예천으로 통하는 갈벌(갈평)이 있다.

갈벌의 9월은 아직 더위가 가시지 않아 햇살이 따가웠다. 험준한 갈벌 계곡 아래에는 오후의 산 그림자로 제법 시원한 바람이 불고 있다. 예천의 의병대장 장윤덕은 의병 300여 명을 이끌고, 원주의 진위대와 민긍호 장군, 신태식 장군과 세력을 합하여 의병단을 토벌하러 오는 영곡경시(永谷警示) 및 삼원소위(三原少尉)가 인솔하는 1개 중대 왜 경찰관과 군(軍)합동 토벌대를 기습하기 위하여 호구(虎口)를 진 쳐놓고 있었다. 갈벌계곡의 양쪽 능선과 전후방에 의병 600여 명이 완전 포위하여 잠복해 있었다.

"사격 명령이 있기 전에는 총을 쏘지 말라." 장윤덕 의병장은 잠복 의병들에게 작전을 지시 하였다. 왜 관군의 소총을 노획한 몇 정의 소총 외에 의병 중에는 소수밖에 화성총을 가지고 있지 않았으나 불을 뿜을 만반의 준비를 갖추고 있었다.

산새의 울음소리도 멎은 적막과 초조의 시간은 흐르고 있다. 갈벌을 향해 행군하던 삼원소위(三原少尉)는 「일본 군경 합동의 토벌대를 이제야 보낸 것은 늦었다」는 것을 스스로 인정 하였다. 왜냐하면 의병들의 세력은 기세 등등

하고 있다는 것을 늦게야 알았기 때문이었다. 이때 민긍호 의병장은 강원도 지방으로 휩쓸고 장윤덕 의병장과 갈벌에서 세력을 규합했던 것이다.

"왜놈들이 산 밑에 도착 하였습니다." 척후병의 보고를 받자 의병들은 더욱 긴장하였으나 사기는 충천에 올랐었다. 왜군들은 많은 행군으로 피로한 기색을 보이며 의병들이 잠복해 있는 「게릴라」전의 요새인 갈벌계곡에 들어왔다.

영곡경시(永谷警示) 총감은 삼원소위(三原少尉)에게 무엇인가 말을 건넸다.

「5분간 휴식」

삼원소위(三原少尉)는 땀을 뻘뻘 흘리며 부하들에게 휴식명령을 내리자 왜관헌들은 총을 걸어놓고 땀을 훔치고 있었다.

이때 "꽝" 하는 의병들의 공격개시 신호 총성이 울렸다. 왜관헌(倭官憲)들은 혼비백산하여 한때 수라장이 되었으나 곧 질서를 잡고 38소총으로 응수하기 시작 하였다. 왜군들이 놓은 갈벌계곡의 불길은 하늘을 가리웠고 주민들의 곡성은 진동했다.

낮부터 시작한 싸움이 저녁 어둡살이 끼게 되자 의병 쪽이 점점 불리해지기 시작했다. 이때 이강년 의병장은 충북의 영춘지역을 거쳐 제천을 휩쓸고 의병 400여 명을 이끌고 갈벌싸움에 도착하여 장윤덕 의병장에게 협력하자 전세는 역전되었다. 이강년 의병장은 산악전, 야간 전투에 명수로 소문이 전국에 떨쳤다.

전세가 험악해 지자 패장 왜병들은 찔래덩굴로 숨어 들어가자 할미성 주민들이 숨어 있다가 돌로 왜병들의 머리를 쳐 죽이며 의병에 합세 하였다. 왜 패잔병들이 할미성 쪽으로 도망친다는 정보를 듣고 솔골에 살고 있는 손달문, 권일봉과 떼실에 살고 있는 김운택이 대추나무 방망이 혹은 참나무 몽둥이를 들고 도망가는 왜군들에게 소리쳤다.

「이 녀석들아 게 섰거라.」

뒤쫓아 가던 분노한 용사(주민)들을 향하여 왜군들은 38총의 불을 뿜었다. 튀어나온 창자를 움켜쥐며 몽둥이를 높이 쳐 들고 부르르 떨었으나 왜군들을 무찌르지 못하고 영원히 쓰러지고 말았다.

그러나 이 갈벌싸움에서 의병들은 크게 이겼으며 많은 무기를 노획하여 더욱 튼튼한 체제를 갖추었고 일본 토벌대는 거의 전멸 하였다. 의병들은 여기에서 재정비하여 이강년 의병장은 의병 300여 명을 이끌고 충북으로, 민긍호 의병장은 의병 300여 명을 인솔하여 강원도로, 장윤덕 의병장은 의병 300여 명을 이끌고 상주를 거쳐 낙동강을 따라 대구를 점령할 계획으로 각각 흩어졌다.

동년 1907년 9월 12일 장윤덕 의병장은 예천을 습격하여 일본인 가옥과 우편소를 파괴하였고 대구 수비대를 격파할 목적으로 상주읍을 습격하였다. 그러나 그땐 이미 일본인 스스로가 조직한 자위대와 다나까 대위가 이끌고 온 1개중대의 수비대가 복병하고 있다가 의병을 협공 하였다. 이날 밤(1907년 9월 12일 12시) 중과부적으로 참패를 당한 장윤덕 의병장은 남은 의병들에게 도망가게 하고 혼자 적중에 뛰어 들어가 중상을 입고 생포 되었다. 군사 요새가 함창에 있으므로 함창까지 손과 목을 묶은 포승줄을 말 안장에 매어 끌고 올 땐 장윤덕 의병장의 한쪽 눈은 달아나고 없었으며 온 몸은 선지피로 붉게 물들어 있었다. 일본 헌병에 호송되어 군법회의에 회부되어 갖은 혹독한 고문과 감언이설로 회유하였으나 헛수고 였었다.

「내 이미 죽음을 결심하고 의거 하였거늘 유혹과 위협이 어찌 나를 요동 시킬 수 있겠는가? 내가 무력하여 너희들에게 붙들렸으니 오직 죽음만이 있을 뿐이다. 조국의 광복을 위하여 의거함이 무엇이 죄가 된다는 말인가? 강도인 너희들과는 이상 말하기 싫다」라며 장윤덕 의병장은 앞니로 혀를 깨물어 끊고 끝끝내 말을 하지 않았다. 함창에 있는 장 의병장의 처가에서는 장 의병장의 구명 운동을 온갖 수단으로 다 써 보았지만 장윤덕 의병장의 과격한 발언으로 모든 것은 수포로 돌아가고 1907년 9월 16일 상주군 함창면 구향리 농암으로 가는 언덕길에서 총살형을 당하니 향년 35세(고등경찰요사)를 일기로 조국 앞에 거룩한 생애를 마쳤다.

1908년 당시 경상북도 관찰사로 있던 박중양(朴重陽)씨가 의병 주모자들에 대해 왜경에 보고 하기를 「장윤덕은 예천군 수서기로 있으며 평소에는 성질이 급하고 악하며 배일언동을 과감히 하여 왔으며 폭도를 일으켜 이강년과 봉기하여 예천을 습격하였으며 각 지역을 배회하다가 수비대에 주살되었다」라고 적어 놓았다.

그날 저녁 땅거미가 지기 시작하자 장윤덕 의병장의 부인 김함녕 여사는 의병 3사람을 데리고 보초의 눈을 피해 장 의병장의 유해를 도굴하여 석유 궤짝 속에 억지로 담고 가을의 콩밭 속을 헤치며 집에 돌아오니 장 의병장을 따르던 개가 컹컹거리며 짖어댔다.

이어 대구 수비대는 예천읍에 있는 8채의 기와집과 장 의병장의 본실을 기습 포위하여 불을 질렀다. 불길이 코앞에 다가오자 장 의병장의 부인은 문득 머리를 스쳐가는 「이놈들이 우리 가족을 몰살 시킬 작정이구나」 하는 이상한 예감이 들었다.

김함녕 여사는 10살 시환(時煥), 7살 인환(寅煥)을 데리고 집 하수구를 빠져 도망치려다가 일관헌에게 그만 들키고 말았다. "저건 누구야?" 일관헌이 이웃 아주머니에게 물었다. "미친 여인입니다." 사실 미친 여인이나 다름이 없었다. 하수구의 흙탕 오염물을 온 몸에 뒤집어 쓰고 머리칼은 산발이었다.

구사일생으로 목숨을 구한 김함녕 여사는 어린 두 아들 시환 인환을 데리고 보문면 수계 산속 깊이 피신하여 낮에는 토굴 속에서 숨어 있고 밤에는 논이나 밭에 나와 이삭을 훑으며 연명했으나 기어코 왜경에게 들키고 말았다. 김함녕 여사와 둘째 아들 인환은 석방되어 걸식으로 목숨은 이어 갔으나 맏아들 시환은 일본수비대 고급장교가 도고우(都合)라는 일본 군수물자 상인에게 인계하여 일본 큐우슈

(九州)에 인질로 잡아가 6년 동안 일본 자기 집에서 심부름도 시키며 소학교도 보내 주었다. 시환은 나이가 먹고 차츰 철이 들자(16세) 자기는 원수집에 납치되어 있다는 것을 알고 탈출하여 6년 만에 어머니의 품안으로 돌아왔다. 죽었다고 생각했던 아들이 살아오자 어머니와 친척들의 기쁨은 이루 말할 수 없었다.

1934년에는 소위 배일도배라는 이유로 30년 이상 소유하고 있었고 장윤덕 의병장의 묘지가 있으며 유족들의 피난지였던 예천군 보문면 수계동내 141번지 및 159번지의 임야 소유권을 박탈하여 불법으로 보문사 소유로 귀속시켰으니 조국 광복 70년이 다가오는 오늘날 까지도 국가 정책이 마련되지 못하여 치욕적인 일제 잔재가 장 의병장의 묘지를 그늘지우고 있다.

장 의병장의 부인 김여사는 기구하게도 장의사의 35주기인 1942년 바로 그날에 세상을 떠났다.

그 후 장 의병장의 숭고한 유지를 계승 선양하기 위해 정부기관 및 각계 인의 협찬으로 『장윤덕 의사 기념사업회』를 만들어 경북대학교 교정에 장윤덕의사 순국 기념비가 1965년 10월 30일 성대하게 제막식을 하였으며 순국 60주년을 맞이하여 박정희 대통령 친필로 묘비명을 새겨 묘비 제막식을 1967년 11월 1일 예천군 보문면 수계동에서 거행하였고 정부에서는 건국공로 훈장 국민장(1968. 3. 1)을 추서하였으며 건국훈장 독립장(1990. 12. 16)을 추서하였다.

향기 머문 마음 I

삶의 으뜸
사랑에서 행복 이루련 꿈
누구나 그렇게 하련 몫

정 가꾸어 다듬어
소리 없이 나날 헤는 동안
행운이 행복 가꾸듯

사랑이 넘쳐흘러
삶 속에 따뜻이 맞는 날
내 님 내 님이라 한 정겨움

보람에 길들여
언제나 어여쁜 미소 지어
소담스럽게 살아가리

향기 머문 마음 II

행복은 삶에 기쁨
끊임없이 행복을 추구하련다
허황된 욕심 버려
즐거움 위에 기쁜 품에 안겨

삶에 보람
아름다움에 길들려
몸과 마음
천상에 호사스럽게 가렸다

갖고픔 얻고픔
다복한 삶
님과 함께한 사랑

맺힌 그리움

짙은 숲 속에 묻혀 하늘 보는 눈엔
그리움 한 점 맺혀
가는 구름 뒤끝을 바라보네

동녘으로 동녘으로
가는 희부연 구름
잉태한 빗방울 어디서 산고 치렀는가

내 머리 위에 쏟아주었다면
보고 싶은 그 사람 만났다 하렸는데
어찌하여 소리 없이 가고 가는가

내 마음에 낀 그리운 어둡살이
언제 벗겨
정다운 말이어 놓아 줄란 가

하늘이여
땅이여
이내 마음 사랑 병 치유라 벗겨 주렴

봄 뜰에 내리운 정갈

훈풍타고 내리는 비
봄을 아삭여
잎눈에 고여
겨울잠 깨어나 기지개 펴
잎새 도듬질 일깨워

초연한 푸름
삶을 가꾸란 배려
뿌리 흠뻑 젖으란 격려
봄 뜰에 내리운 정갈
그리고는 안녕 안녕이라네

맑음 향한 마음 길

넘네
한발 건너 입사入寺
조용히 경건한 또 한발
푸른 산 푸른 물 흘린 소리 곁에
멧새둥지 아리운 정

사랑 사랑에서 자비로 가는 길
등에 진 세속냄새 씻어
고운 마음 고결한 밝음

맑음 향한 발걸음 마음 길
서서히 오르막 올라
하늘에 뜻 기려 어루만져
모든 것 비워 놓은 채 바람처럼 걸었네

그대 손잡아

보내고 맞는 계절
봄이 오는 바람소리

파란청춘
새 잎새마다 돋아날 즈음

그대 손잡아
마음 튼 아지랑이 놀이

여기 저기 내킨 곳 찾아
깊고 넓은 바다까지
꿈결의 마음놀이 다해보리

그때 그 친구

세운다
나를 세운다

한겨울 나무사이로
옛 생각

그때 그 친구
소꿉장난 그 시절

한없이 그리워
꿈속에서 서슴거린다

다시 돌아갈 수 없기에
아름다운 그때로 남은 기억

고요로 이끌어온 연가戀歌

이 자리가 그 자리
오작교 거닌
따뜻한 손잡음
청춘에 마음소리 심장 뛴
사랑 하고픈 발길 놓은 곳

이제
반세기 들쭉날쭉 지난
그때가 감미롭구나
고요로 고요로 이끌어온 연가
그 님이라 혀끝을 돌려나 보련다

삶의 영속永續

얼기설기 까치집
실내에 들어 앉아
작은 빛 밝힌 한자리
비바람 몰아쳐도
흩어지지 않은 까치공법
산야에 둥지차림

우연의 일치가 아닌
까치의 정확한 건축기술
바람서리에 불변
삶의 영속 곳곳에 이어짐
지혜 모은 둥지 섬세한 모양
그 속에 삶의 노래 사랑의 노래
춘하추동 이어있네

나의 공간

이제 돌아갈 시간
땅거미 내린 감감
기다릴 님 눈 맞이
따뜻한 눈 거울에
몸 기대어 입술 마주할
나의 공간

다정히 노래할 밤
얼마나 값진 나눔이 오리
가오 곧장 가오
오랜 시간 기다린 만큼
푸짐한 마음 잔치
정주고 사랑 주오리다

향기 풍긴 미소

내 마음 앗아 달아 나련가
빨간 바지 빨간 입술
향기 풍겨 미소 지음

내 마음 앗아 갈 바에야
밤새껏 사랑에 불 지펴
이몽사몽 되어 주려마

내가 미쳐 미쳐
그 여인 오가는 길목에
반기려는 마음
기다려 서성일 때
새벽이 열린다

보고픈 마음 문 열어
아름다운 만남
언제쯤 될 란가

눈에 젖어드는 빨간 미소
꽃피어 열매 맺을 그날만을
마음 등불 켜 기다린다

마주한 찻잔

발톱을 세워
귀문을 열어
가을이 다가오는 소리 듣는다

보름 달빛 스며드는 창문 밖
낙엽 잃은 앙상한 나뭇가지
바람결에 소리 내는 들림엔

어쩐지
한때란 생각
마주한 찻잔 속에 어울린 열기
가을 가을이란 마음에 풍요豊饒

그때 그대란 모습
눈앞을 가로막아 아롱진 아련
계절의 끝자락에서
다시 한 번이라 되뇌인다

내 몸에 정열

식지 않으리다
태우고 태운 열기

내 몸에 정열情熱
다시 불 지펴 그대 몫이라 하리다

둥글둥글 돌아가는 세월이라지만
뾰족이 모난 사랑

그대 그리움 어루만져
사랑의 열정熱情 또다시 불태워

코끝에 찡하게 맴도는 느낌
산 위에 산 푸름 되게 하오리다

빛바랜 청춘

이 몸 거물거물 하여도
이내 몸 청춘은 있었네
세상의 어느 누구인들
늙고 싶어 늙음 원했으랴

운명처럼 삶이 있어
세월 살이 아등바등하다가
청춘 잃어버린 빛바랜 몰골이지

어느 누가
생로병사生老病死란 고통 원하리
젊음아
그리 욕되게 눈길 주지 말라

곧 따라 오는 삶의 황혼이려니
가엾다 가엾다
청춘 잃어 가여운 숙명이라 하렴

❖ 몰골 : 볼품없는 모양새

지열 오른 여름날

뜨거운 햇살에
지열 오른 여름날

바람이 밀려드는 그늘에 앉아
그대와 마음사랑 매만질 때

비둘기 쌍쌍이
나뭇가지에 앉아

정겨운 사랑 노래
우리 마음 애창이라

놀이 공간 넓혀주려
동그란 눈 돌려

하늘 한켠 푸름이
그대들 사랑 마당이라 일렀네

어리운 정情

저 수평선 위에 노을이
정다운 친구와 함께한 그날처럼
청춘이 뜨는구나

그때 그 얼굴
그때 그 마음 어리운 정
어찌 보고 프다로 말문 닫으오리

삶이 바빠
빡빡한 생활에 묻혀
이제나 저제나 한 나날이

세월 모은 늙음
다시 한 번이란 그때로 가고픔이

아슬랑 아슬랑 눈에 저려
옛 생각 돋아났다 잠김을
아까운 청춘 어디 가서 찾아볼까

오늘 이 자리

생각이 감돌아
마음 모아 함께 앉은 오늘 이 자리

아름다운 눈빛 사랑으로
같은 뜻 온 누리 위한 다짐

오늘이 있기까지
심혈 기울여온 너와 나

얼굴 맞이한 기쁨
그 기억 영원히 숨 쉬는 꽃말들

두고 두고 이어갈 화사한 못 잊음
황홀창만恍惚漲滿 위에 그려진 모습

사계를 돌아 돌아도
한자리 핀 꽃으로 꽃으로 영원하리라

내 마음 머무는 곳

고통스런 찜통더위
불 바닥 모래톱을 밟아
파도소리 바다 노래를 듣는다

보일 듯 보일 듯 터질 것만 같은
비키니 가슴에 부딪쳐
내 가슴에 묻어놓은 마음이
유혹의 문을 열어 본다

자꾸만 자꾸만
내 마음 앗아 달아나는
비키니 그 여인 아름다운 모습

뉘라서 사랑의 기쁨
참 사랑 맛 감미甘味로움
나에 사랑
가슴팍에 새겨 놓지 않으오리

파도는 사랑의 소릿결
향기롭고 아름다운 님들 위해
오늘도 내일도 영원히 술렁인다

사랑의 씨알 하나하나
그 여인 가슴 가슴 속에
내 사랑 깊숙이 심어
사랑의 싹이 돋기를
기다려 반기련 마음 설렌다

그대 그리운 밤 (시조)

달빛 밝은 밤이 될 땐 그대 그리워 걷네
가을밤 귀뚜리 님 사랑 사랑 되울림은
이내 심정 건드려 그때라 마음에 울려드네

달이 차면 지듯이 서산에 기우러질 땐
헤어짐 섭섭하여 잡은 손이 서러워
애달파라 목메이듯 저려 저려 아파드네

제2부

풍성한 옛정 그 자리 머물고파

축척이 남긴 족적足跡

나는 걸었네
때론 기어 다니다가
기웃거려 쉼터 찾았네

양지와 음지
기쁨과 슬픔
안타까운 미련 하나로
삶이란 결과물을 건졌네

제도판 위에서
손에 스켈 쥐어
축척 · 확대를 반복하면서

티T자와 삼각자 맞대어
수많은 선을 긋고 자르고
새로운 공간을 구축하련 손놀림
하얗게 밝힌 고뇌의 밤

하늘의 별처럼 모여 반짝인
준공된 빌딩 유리벽 보면서
그렇게 오늘에 위안을 받았지

총총 빛나는 성좌星座처럼
때때로 주위를 돌아보면서
주머니 비워낸 배려도 있었네

이제 남은 여생 안식安息을 위한
질 푸른 바닷길 항해航海를 접어
아내에 소홀한 눈빛 하나하나 보듬어

그간에 정 따사롭고 여유롭게
마음에 둔 모든 것 쏟아 부어
정녕 오늘의 기쁨 되게 하오리다

뉘엿뉘엿 산등선에 낙조落照 처럼
실화實畵 같은 볼 붉힌 노을을
인생길 황혼에 감미로운 환희歡喜로

마음에서 피어 오른 꽃향기다운 향기를
최후에 피워낸 행복의 깊이와 넓이로
참사랑 샘솟아 철철 넘쳐남으로
나눔에 길 따뜻이 이어 가리다

옛 시절의 그림

그대란 동료들
둥실 뜬 둥근 달이었고
뜨거운 태양이었는데
어쩌면
세월 살이가 무정을 헤어 넘어
소식 돈절로 이지러지는가
때때로 보고 싶은 모습
궁금히 길삼 매는데
언제 만나련 가
옛 이란 그 시절 그림
함께 그려볼 입 놀이는
석양 노을이라 알리는데
허무 허무 무소유
그땐 모두를 잊은 소멸消滅될 텐데

진달래 동산

타향살이 남녘땅
사월문턱 열린 꽃
산지사방 봄 알려준
아름다운 둘래 둘래

꽃에서 꽃
내 고향에도
옛 처럼 산에 진달래
울기 붉기 할 란가

고향 가서 친구 손잡아
진달래 동산 가고파라
고요한 달밤
눈빛 마주한 그 모습 선연하니

사계四季

봄 여름 가을 겨울
농부 손끝은 쉴 사이 없었네

과수원에 두엄 질 겨울
가지치기 이른 봄

개화기에 꽃망울 속아내기
한 여름 닿기 전에 적과摘果

사이사이 병충해 방제
폭염暴炎도 아랑곳없이

잡초 뽑은 양손가락에 상처 난 자국
허리가 휘어지도록 일한 보람

하늘 동그랗게 높은 가을될 땐
탐스럽게 무르익은 가지마다

사계절에 힘겨운 노고에 답례하듯
너털웃음 지으란 선물이라 가져가랐네

초조와 환희歡喜

설빙雪氷의 축제
뛰고 나는 속도감
긴장 속에 몸과 마음
경쟁으로 치닫네

산을 오르고 내림
평빙平氷 위
타원을 돌아오는 승부 전
기량 발휘란 최선 다하는
세기의 빠르기

종합예술 한마당
초조와 환희
승자와 패자사이
냉엄한 희비일레라

옛정 그리워

물무늬 뜨는 호반
늘어뜨린 어망 모양
푸름을 구가하는 얽힘

봄이 오는 서주序奏
고향에 봄이 오리란 알림
타향살이 젖고 젖은 몸

이제사
모든 것 접어
내 고향 산천 돌아 볼려네

까마득히 지나간 추억
그 때를 만져
옛정 풍성한 그 자리 머물러나 볼라네

어리둥절 보낸 기회

기회는 돌아왔지만
그때는 그렇게 간절한
생각을 미처 못 하였네

팔공산 새비 새비 살펴 발걸음 놓아
앞산을 날아갈 뜻한 그 기백
낙동강 거슬러 올라
다시 되돌아오는 기쁨
그때는 어리둥절 넘겼네

언제나
환상幻想에 잠긴 미래지향未來指向
늘 그렇게 될 줄만 알았는데
현실에 놓인 지금
아쉬운 끈끈이 느낀 마음

차마 그 시절이 다시 오라지만
소망이라 나불거릴 뿐
지난날이 까물거려
그때여 다시 돌아오란 느낌을
손가락에 비벼보네

삶의 끝자락

퇴역한 녹슨 항공기
하늘 날아 지구촌 곳곳 누빈
그 많은 길이를 접어
도심 한적한 곳
휴식공간으로 바뀌었네

다시 하늘 날고 싶음은
날개에 미련이겠지만
이륙할 수 없으니
명명의 생을 다 하였네
어디 그렇게 됨이
국한된 패항공기만 그러하오리까

하나 된 삶

올라가리다
뒤따라가오리다

저 높은 하늘
그리고는 내려 보는 땅에
신선한 푸른맞이
따라 가리다

그대 발자국 놓은 위에
내 발자국 새겨
늘 함께란 하나 된 삶
따라 가리다

이승에서 못다 한 정
저승에서 꽃피울 사랑
우리란 영혼의 둥지
입내음 향기 맞이하오리다

물무늬 여울처럼

무늬빛살
그저 이뤄 보여 주오리
밀려드는 수압에 밀려 밀려
물넘이 차분히 내려오는 물길
이런 저런 사실 읊어
낙수지점으로 가렴이지

언제 까지란 한계 벗어나
오늘도 내일도
사시사철 그러고프나
계절 따른 한계

한파가 오는 날엔
빙판 속에 묻혀버릴 물무늬
소슬한 가을바람에
마음껏 놀이한 공간
그 모양 기억에 담아
님 사랑 그렇게 하리

겨울은 죽도록 밉소

나는 꽃 사과나무
겨울은 죽도록 밉소

지금껏 버터 온 내 삶
서릿발에 한해마감

아름다운 꽃 열매
얼어붙은 고통

봄 기다리는 뿌리 설레임
훈풍에 꽃비 내려

삶이 삶답다
꽃 피고 잎 피어
한풀이로 옛 스럼 될래요

꼬리 감춘 세월들

어느덧
어느덧
꼬리 감추어간 세월들

그 세월에 목말라진 청춘
곧 이름 없이 될 쯤엔
뉘도 돌아봐 주지 않을 텐데

허둥거리는 이 마음
봄은 오는데
님은 먼 산에서 나를 오라하네

아직 이라 하기엔 멋쩍어
산수유 꽃에 눈 기대여보네

오늘은 나의 날

오늘은 나의 날
어머니께 엎드려 큰절 하는 날
산고 이겨내며 낳아주신
따뜻한 감사와 축복받은 아침 맞이
눈물 감추시어 금옥같이 키워주신
어버이 고마운 은혜 하늘같아라

온 가족 모여 생일이라 축하 받는 기쁨
밥상머리 둘러 앉아
미담 오고가는 따뜻한 웃음
일 년 삼백육십오일
매일 오늘 같으란 소망
좋아라 좋아라 생일맞이 기뻐라

세월 벗 둔덕

쌓은 둔덕
장인 솜씨인가

세월 벗 하여도
가지련한 돌 둔덕

어느 님이 알아주지 않아도
고색창연古色蒼然한 돌이끼 자리

스쳐가는 사계바람
그 얼마나 쓰다듬어 갔으리

한 갈래 한 세월
한자리 한 둔덕

춘설春雪

깃털이 나른다
깃털이 나른다

겨울에 하얀 눈雪
바람결 따라 날려 오네

입춘이 지났으니
흰 깃털처럼
가볍게 내려 날린다

나뭇가지에 맺힌 꽃
눈부신 설화雪花

내 품에 품어
님에게 주렸으나

마음만 가고 올뿐
손닿아 반김은 꿈속에
간절한 희망이어라

친구 내 친구

친구 내 친구
언제나 상록이어라
근엄한 눈빛에
고운 정 빚어낸
다듬어진 넓은 도량

지금은 생과 사의 이별
잊었다 일어선 보고픔
생로병사란 삶 속에
못 잊어 그리움 네라
한 시절 짧은 토막

스민 봄바람

겨울 잔디
색깔 변하겠구려
따사로운 봄볕에
정겹게 내리는
촉촉한 비에 닿아
살며시 잎눈 뜨겠구려

무성한 잎으로
싱그럽게 자랄
부푼 꿈에 젖어
봄바람 스며들 땐
간지럽다 웃겠구나

자연은 삶의 근원根源

삶은 자연 속에서 모든 것을 얻어
삶다운 삶 기틀을 마련 하렸네라

하나하나 외톨이로 보면 별것 아니지만
서로 얽혀 규합 이룰 때
새로운 창성昌盛을 얻어 새롭게 이루었네라

모래와 자갈
세월 깎인 모양이 시멘트와 배합할 땐
현대화에 지름길 양옥집을 짓는
튼튼한 밑천 된 근원根源 됨이니

우리의 삶은 자연 속에서 얻어
지혜를 더할 때 새로운 형성으로
추구하련 질감質感이 편리성에 부합하였네라

고향의 봄 (시조)

봄눈이 자진골짝 아지랑이 잦아들어
불어온 남쪽바람 겨울잠 깨우오니
새파란 잎새 눈 열어 물결 위에 춤추련다

봄바람 산등성에 살며시 넘어와서
꽃향기 간지럽게 내 코끝에 닿아올 땐
고향 봄 자꾸 그리워 이내가슴 설렌다

제3부

고향 토담 정겹게 토닥여 만져보련다

존재存在

꽃나무는 꽃을 피렸던가
꽃은 꽃다움 되렸던가

피고지고
다시 피고지고

계절 따라
햇님을 나붓이 맞이 하렸나

예쁘게 가엽구나
잡초라는 존재는

하지만 언제나 제자리 지킨 삶
곱도다 곱도다 하리니

어여쁜 꽃말만은 지켜
존재의미를 잃지 말라

그 시절 향수鄕愁

잔잔한 호수 물결은
그때 그 님들 얼굴

푸른 하늘 푸른 청춘 꿈
삶을 보람 있게 이어 가련 생각들
지금은 모두가 그 자리 떠난 몸이지만

윗전 호통에 숨죽여도
그때로 가고 싶은 향수는

청춘 반납했기에
더욱 진한 애통

그 시절이 도란 도란 하여
밤의 고독에
찬 이슬이나마 만져보네

봄이 올려나

훈풍이 올려나
겨울비 내린다

미풍이 속삭이려나
보슬비 내린다

저녁으로 갈 시간
청순淸純한 청초 깨어나
나를 반기려나

겨우내 기다린 아롱이
눈앞에 다가설란가

그럼 곧
버드나무 꽃송이 만져
옛 생각날 텐데

봄 맞은 오리 군상群像

오리 물갈기에도 봄이로다
물 차오른 비상飛上
주둥이에도 봄 냄새 물어
산 넘어 강가로 날아 앉음에
반기는 봄놀이 흥겹네라

시름겨운 추위와 굶주림
비로소 벗어난 기쁨으로
날개에 힘주어 퍼덕임은
봄 계절 왔다는 안도감
제소리를 낸 무리놀이
봄이라 즐겨 뱃놀이란다

계절이 오면

이름 없는 꽃이라도
계절이 오면
홀연히 꽃을 연다

누가 보거나 말거나
짓밟아도 짓밟힌 대로
순결은 곱게 보여준다

이름 있는 꽃에 눈길 모여
탄성을 지어도
잡초 꽃이라 이름 하여도

계절이 오면
아름다움 가진 꽃 색깔 보여준다

다정했던 옛 얼굴

봄 맞으려 나들이 한
파계사 입구에 머물러
팔공산 산자락 눈目에 심어
다정했던 옛 얼굴
산 위에 띄어보다가
점찍은 듯 보낸 세월
옛은 사라지고 너 나 없이
주름진 얼굴 애틋한 그림자
마음자락에 떠오르네

물꽃

핀다
물꽃이 핀다

핀다
솟구치고 퍼진다
물기둥이 물보라 친다

핀다
순간 순간
장한 저 아름다움을 보라

물 색감
호수 위에 그림 그린다

덧붙인 멜로디 따라
가감승제加減乘除를 모두 다 모은다

호반의 노목老木

봄 기다린 호반의 노목老木은
봄 기다린다
물여울 뜨는 모양에 비춰있는
추위를 벗어나려던 여망
물여울 위에 일어선다

까맣게 그을린 여름
다시 오란 기다림
뿌리와 몸통에 가득 찬
싱그러운 잎 피려
한겨울 추위 속에서도
묵묵히 기다렸나 보다
얼음 거울 곁에서

맞이할 기다림

눈 멀리 아주 멀리 보인 달님
오늘 따라 왜 그러시나요

꿈틀거린 가까움
하필이면
오늘이라 하렸더냐

나의 축제 한 살 더하는 생일날
그렇게 멀어져 애태우느냐

아등바등 한 생각
내가 미쳐
너의 속내를 몰랐구나

그럼 며칠 더 기다렸다
정다운 맞이라 하려무나

약속 지운 배신

저 달은
나를 모르리

저 별빛만은
또렷이 나를 알리

누구에 내동댕이치인 마음
소란을 피해

이곳저곳 다닌 내 발걸음
흙살은 나를 부드럽게 위로하리

한때 깜찍한 얼굴
꽃이라 님이라 한 사람

그 약속 배반한
나눔 말 지운 배신

호반의 풍경

치솟는다
힘차게

수평에서 하늘 향해
다시 치솟는다

서서히 힘차게
꼭짓점에서 떨어진다

음향의 진폭 따라
부챗살로 퍼져간다

같은 높이
꼭 닮은 모양
물꽃이 간지럽게 피어난다

내 사랑 도화桃花

나에 꽃 나에 열매
그리도 좋아라
눈여겨 가꾸었는데

꽃도 열매도
어느 님이 살며시 가져갔는가
다시 일 년을 기다려야
내 몫이라 남겨 주련가

도화꽃잎 보고파
마음속에 핀 도화살桃花殺
봄을 기다린 숨소리
겨울 기다린 숨결
겨울나기 힘겨워 헐떡인다

우연 일치

종이 얼룩지게 한 빗방울
그렇게 하고 싶어 하랴
우연의 일치
맺힌 구름에 부딪친 설움이지
관리 잘못한
종이주인 탓이지
무슨 할 말 늘어놓아
얼룩짐을 벗어나랴
공연한 질책은
혀끝이 성가스럽다지

나를 지키련 수련

삶을 위한 건강 챙기기란 말은
불필요한 종용은 아니오리다
자신을 지키려는 삶의 방편

시간 틈내어 체력단련으로
건강하게 살자는 자리둥지
노화 거부한 얼굴마냥
언제나 청춘이라 이름 하자

어쩔 수 없는 삶의 한계에서
보다 아름다운 육체를 위한
흘려보낸 어제와 오늘
세월 속에서도 조금은 늙음을
거부하고 싶은 인간의 욕망

스스로 노력한 만큼 건강 지켜
온고지정溫故之情 다 하고파
젊음의 한때 그 꿈 다시 꾸련다

구름 연가戀歌

흰 구름 두둥실
멀리서 저 멀리서 가깝게 온다
어제는 맑은 하늘
오늘은 흰 구름 하늘 언덕

여름 구름 내 정겨운 서방님
태산을 만들어 그 속에
나를 오라 불러주네

구름처럼 바람처럼
한 세상 자유로이 살아가고 싶지만
그저 쳐다보는 눈 사랑
언제 사랑에 휩싸여

이 몸만은 행복하다 할 건지
온통 마음만 두둥실 떠올라
어린 날 술래 잡이 되어 꽃구름 잡네

새해맞이

맞고 보낸 해해 연년
다시 맞는 육십 주기 경인년

새해 아침
한해를 잘 보내라는 간절한 기원

헤어져 있던 가족 일가친척
정답게 모여 차례 모시는 명절풍습

아랫사랑 윗 존경 새해인사
정담 나눈 우리 겨레 미풍양속

눈目 반겨 마음 연
기쁨의 새해맞이일레라

가을 들녘

황소 뿔빛 출렁이는 들녘에
허리 숙인 농부 손길이 분주하다

허수아비 너울너울 춤을 춘
함박웃음 터트린 쑥부쟁이 사이로
분주한 농부의 발걸음 따라
들판은 황금빛 바다처럼 술렁인다

가을 하늘 끝자락 타고 내려온 소슬바람이
휜 허리 달래주는 시원스러움에
그윽하게 내다보는 눈길엔
환한 미소 가득 가득 들판 이웃이 미소에 잠긴다

가을 하늘 옅은 구름도
황금들판에 눈길 빼앗기듯 머물듯
땀방울로 곱게 다듬어 이룬 풍요로운 들녘엔
농부의 손길에 기쁨이 아름아름 안긴다

달구벌 위 구름동산

달구벌 위에 구월구름
물안개 팔공산 휘감아 돌아
하늘에 회롱回弄 거린다
높고 낮은 능선에 가려진 산
분지인 갈증 난 이곳에도
금호강 지류가 흘린 신천新川

옛 님이 눈여긴 물길
낙동강 합류길 따라
금호강에 합수合水로 만나
모천회귀母川回歸 확인하듯
바다로 향한 물결파장
시월이 접어들 땐
색깔 고운 단풍잎 배 띄워
국화꽃향기 안녕이라 하리

갖고픈 영롱 (시조)

누구나 간직하련
소망가진 보석 애愛

그처럼 자자손손
사랑의 무한대로

아름답게 이어가련
불변의 기원은 소원이리

제4부

산수유 꽃망울 따라 향기 피는 새잎사랑

어제와 오늘도

내 마음 그대 향해간다
어제와 오늘도
초침이 시침 돌려
그대 향해 무게 실려 기운다

누가 뭐라 할지라도
내 마음이 가난하게
고갈될 때까진
가고 가는 그대 향함
내 마음 변함없이 기운다

눈 깜빡이는 순간에도
한결 같음이라 마음 소리 더듬거려
그대 마음 간절히 불러낸다

그대 향기

눈雪꽃 사이로
꽃 방울을 피워 오르듯

봄 향기 풍겨
내 가슴속으로 저며 와

그리움으로 가득 찬
내 가슴에 움튼 사랑

그대 사랑향기 맡은
불타는 내 사랑
그대 손에 살며시 놓아

꽃향기 묻은 마음 끓은 사랑으로
곱게 곱게 잡아 주리다

마음 모은 나들이

발 모아
마음 모아
가을을 놓아 건네

하나 둘
그때가 있었다는 기억
한나절 지난 몸 될 때
오늘을 곱게 새겨
그때가 있었다 하리만

아직은
그때를 그렇게 아쉽지 않는
평범한 나들이기에

맨드라미 꽃 순정
언젠가 갈대꽃이 핀
머리카락 될 땐
그날 그때라 입소리 하리

봄 내음

꽃샘추위 몰아냄은
들바람일레라

매화 꽃 핌에
산수유 꽃망울 따라 피는 봄 알림

가지마다 잎새 돋아
푸름으로 시작됨을 보인
청춘 꿈이 열린 계절

겨우내 맺힌 뿌리의 한恨 벗어
아지랑이 반긴
기쁨의 노래

계절에 반길 발걸음
꿈꾸어온 밝은 모습들은
청춘에 멋 부릴 계절 맞이일레라

물소리

낮은 콧노래 흥얼거린다
앞산에 물소리 따라

내 마음 가득 차오르는 흥취는
청산이라 휘파람 불어 걷는다

물소리에 풍물패
상쇠上釗는 어디로 갔는가

그래도
멋 장단 울려 귀에 닿는 멋스럼
물안개에 젖은 희부연 물줄기 소린

찌 들린 가슴 말끔히 씻어내려
귓전에 들려온 작열灼熱하는 매미 소리는
님 찾는 정오에 화사한 마음 꽃핀다

물나들바위 소망

기다렸다
한없이
하늘 보는 신세타령

물나들 있는 바위
언제 고운 물결
바위 살갗 만져줄까

하늘 보는 비 내린 희망
오늘에야
소망이룬 물결을 만났다

곱게 곱게 쓰다듬어
고운 바위모양 되렸던 꿈
하늘 보며 인사하렸다

묘연한 그림자

그침이 언젤 란가
마음 빚
그늘진 행복
그 사람이 보이는구려

아무리 찾아봐도
묘연한 그림자
그 사람에 갚을 마음 빚
생각이 멈출 날 언제련가

이젠
쇠진해진 몸
생각에 가늠 그마저 어릿어릿 한데

아늑한 그 시절

그늘진 마음에 볕이 든다할 땐
무리하지 않은 봄날이 되오리

삶에 허덕인 숨소리
잠시 멈춰

다정히 살아 숨 쉬는
아늑한 곳

님의 품에 안겨 잠들었던
청춘이란 그 시절

호미 들어 냉이 꽃다지 캔 손
내 마음 아지랑이 되어 다시 잡아보리라

나의 꽃

꽃 꽃 한밤에 꽃
내가 가깝게 하련
꿈속에 향기
춘하추동 마음 머문
내 삶에 자리할 꽃

밤은 밤
낮은 낮
늘 한자리 있는
마음에 꽃자리
시들지 말라

한결같이
화사한 꽃말
그 향기가
내 마음
자리하란 꽃

세월에 거듭거듭
아름답게 피란
나의 마음자리
향기 꽃향기
넘친 꽃말에 꿈

삶에 흔적

소가 머문 한 해 자리
백호가 물려 받은 나날

다시 그 자리 이름 바뀐 한해
돌아 돌아온 육십년

다시 시작하는 한 살
미로의 터널
우린 그렇게 맞고 보낸 나이

세월 따라
넋으로 떠난 흔적

산에서 강에서 바다에서
영혼으로 살리라

꽃과 나비

꽃동산에서
꽃맞이 나비눈目 되어
생과 사의 나날 헤아려
지난날 마음 그림
나비 날개에 달아

아름다운 꽃으로 꽃으로
이끌어가는 마음 길
오늘에 젖은 옛 생각
꽃 나비된 눈으로 만져

아름다움 가슴 속에 심어
꽃이랑 꽃향기 채워
숨결 높여 보려마

외치는 즐김

겨울 소리
여름일레라
여름 먹거리
겨울에 다 있다는 행상의 외침
오늘 겨울이 여름일레라

마음 모아 손 모아
겨울에 가꾼 먹거리
이 땅에 꽃빛
근면 곁들인 슬기
겨울을 여름이라 즐겁게 외치네

오늘이란 푸념

한줄기 소낙비
내려 때리는 소리
귀를 멍멍하게 하는구나

그 구름 무게 덜었으니
가볍게 유유히 나그네길 가겠구려

팔 걷어 붙여
밭갈이 하던 손 잠시 쉬어

하늘이라 심중에 있는 말
숨결로 마음 풀이 하겠구나
하필 오늘이란 푸념

그때가 다시 눈에

그땐 몰랐네
청춘이란 좋은 시절을
이즘이란 몸 되면서
한 시절 풍미 와 닿아
그때란 간절한 생각이
무게 실린 등짐지고라도
높은 산 오르려
청춘이란 몫을 찾아보네

그땐 몰랐네
마냥 청춘이라 여겼기에
생로병사生老病死를 의식하지 않은
꿈을 가꾼 의지
향기로운 희망
늘 긍정 하였지만
청춘은 멀리 저 멀리 가고
이제서야
멋이랑 참 맛깔
그때가 좋았다라 겹겹을 낳아보네

재회로 이은 생각

인연이라면
다시 스쳐갈 만남 되겠지요

한순간에 보인 그 모습
첫눈에 들어온 기억이
새롭게 또렷이 돋아남은
결코 우연일 수 없나니

창가에 부딪친 눈目
하얀 웃음이 트여
한사코 그 사람이라

못내 내게 소중한 그와의
재회란 기결起結이어서
기쁨에 웃음을 지은 따사로움
영원을 기려 살고픈 심정이 오리

내 고향 냇가

세월에 틈바구니 끼어
타향살이 삶에도
내 마음은 고향 냇가에서
물장구친다

너와 나 격 없이 놀던
또래 친구 친구들
지금도 잊을 수 없어

강산 변한 일곱 고개 넘어
그때로 돌아가
고향 냇가에서 지금도
즐겁게 물장구 놀이 이끌어낸다

더위 갈라낸
땅 별 아래 그날들
마음에 머물러
고향이라 나눗셈 소수점을 찍는다

선도량禪度量 가는 마음 길

힘겨운 발길 위에
따뜻이 모여드는 만감萬感은
호사스런 꿈결이 되렸네

갓바위 부처님
은은한 미소 곁에 가려
땀방울 맺혀 흘러도 마음은 평온 찾아

힘겨운 숨결은 아득히 멀어진 연기煙氣되어
모은 손 조아린 손등에
초승달빛 살며시 내려와
나와 함께 찬미讚美를 읊었네

선추구 선량善良으로 그린 뜻
가슴 흥건하게 젖은 충만充滿은
가파른 돌계단 내릴 땐
구름이 하늘 가듯 여유로웠네

아름다운 인연因緣

함께 할 소중한 이름 그대
삶을 한 둥지에서 이어갈 인연
아름다운 마음 꽃은 나를 향해
향기롭게 피어나 가슴에 닿는데

젊음 그때의 한결같은 모습
무심한 세월에 무상을 느낌
무엇으로 위로할까나

벌써 눈앞에는
이름 모를 낯선 간이역
인생살이 종착역이 보이는데

그 시절 아름답게 빛나던 정감情感
언제쯤 또다시 수줍은 입맞춤할까
운명처럼 해후邂逅에 꽃망울 터트릴
꿈결 같은 그날 기다리는데

호수 같이 품은 사랑 (시조)

고요한 호수처럼
잔잔한 이 마음에

그 여인 이내 마음
흔들어 유혹할 땐

호수처럼 풍요로운
이내 사랑 띄우오리라

제5부

나날이 나날을 안고 넘어

꿈속에 사랑

내 마음에 담아놓은
아름다운 희망 열릴 꿈

사랑으로 승화시키련
가슴 설레인 나날들

곱드래 곱드래 불타오른
내 당신이라 새겨

눈동자에 넣어줄 열정 다해
가슴속에 키워 다듬어 가두어둔 정

모두를 쏟아 부어
내 사랑 내 님이라 하오리다

봄 뜯는 아낙네 손길

동토에서 멎은 생장점
아지랑이가 깨워준 동면

이제사 봄맞이하련
소담스럽게 돋아난 날엔

밝은 볕 향한 잎새
냉이다운 향기 지닐

무르익으련 몸부림처럼
새악시 손가락에도 봄맞이 즐겨

미상未像에 님 이란 꿈
봄바람에 치맛자락 날려

그리움에 사랑편지 전하련
손가락 꼽아 헤어 보리

보금자리

저 건너 높은
층층이 집엔
어느 님이 살까

밝게 핀 전등불 아래
가족사랑 모아 있겠지

노작勞作으로 이룬 층층이
그때 힘겨워 땀 흘린 님들

어디메 사는가
지난날 그 현장

타설 작업하는 소리
마음에 머뭇거려
미소 띄워 생각하겠지

노나닌 유연柔軟

봄이 왔구나
능수버들 가지에 돋아 오른 잎새

겨울추위 처참을 넘어
봄 바람결이 좋아라
그네 타는 모양

삶을 위한 나뭇가지 놀이
꿈결이 스쳐 노나닌 유연

시름 벗어낸 기쁨
끈끈이 이어온 내재된 푸름

꽃 위에 나비 앉는 날
질 푸름 흐드러져
새들에 쉼터 여기라 보여주리

가을 소리 바람

언제 시원할까
기다린 안타까움
나날이 나날을 안고 넘어
세월 속에 계절 맞아
뒷머리 쓰다듬어
가을이 온다
알려준 바람결

만상은 질 푸름이나
곧 다가올 만산홍엽滿山紅葉
몸은 세월 가운데 묻혔어도
시원 상큼한 가을 소리 끝엔
귀뚜라미 즐긴 밤 소란히 오리
곶감 깎는 손놀림 생각남은
겨울 옴 예감이오니

그림 그린 꿈속

백설白雪 일래다
백설 일래다

첫사랑 그대 마음
설화雪花라 반기도다

그 눈目 빛
죽도록 못 잊어

오늘 이 자리에 다시 보는 만감
그녀는 남님이 되어도

눈앞에 아롱거려
설화雪花를 안고 울고 있네라

나는 오직 그 사람

산모롱이 돌아 돌아
또다시 강 건너
산을 넘어야 할 처지

나는 오직
갈 곳이란 님이라 자리한 곳
아직도 먼 발취에서나마
수줍게 훔쳐보다가

상사병이 나서 죽으면
그 자리 묻어 달라하려네
꼬불꼬불 걸어온 인생길

너와 나의 노래

불러라 불러라
너와 나의 노래
어디서 불러도
다시 불러보고 싶은 노래

산들바람이 부는
그 어느 날
애정에 길 닦아
그 길 걸어가면서
합창을 하자꾸나

산 넘고 물 건너
허겁지겁 달려와
사랑을 노래하고프다 한
그날처럼
우리의 정 모은
사랑의 노래

정답게 예쁘게
입소리 얽어매자
소쩍새 엿들어
우리 목소리 울리도록

무궁화

조국애 피고 핀 가지
영원무궁 하여라

한자리 피고 지는 무궁화
뉘의 부름도
뉘의 멸시도
아랑곳하지 않은 조국상징

가을 문턱 바람에
남향받이 언덕에서
이어 이어 피는 슬기

온 누리에 새겨진
조국에 꽃 조국에 얼
백두白頭의 산하에 영원하여라

바위틈 노송老松

산자락 지킴이 바위틈에
노송이 된 나무
보내고 맞은 나날
세월이라 알렸으니

사계四季를 돌아 넘은
세월 받이 영역하니
길 나그네
눈길에 새겨진 자리

그 님들은 다시 돌아오지 않아도
푸름 이은 노송老松
하고 한날 제자리 푸름이어라

보편을 넘고 넘어

술렁이는 물결 우연일까
후려치는 그 바람 역시 그러할까

땅 위에 평온할 날 언제련지
생각에 꼬리가 길어지네

보편을 넘고 넘어
령을 넘어 강을 건너 온 바람
고요를 몰아쳐
무엇을 얻을렸던가

순간 판단 나약하여
먼 하늘에 눈目 모았네

사모思慕한 정情

가오
곧 다가가리니
옹알거리지 마오

그렇소
그래서 그렇소
꽁알옹알 씹지 마오

이 몸은 건전한 정신력 지닌
건장한 당신의 지향志向한 몸이니

심려는 늦추어도 괜찮소
당신에 대한 사모思慕한 정情

오직 내 당신뿐이오니
푸짐한 사랑의 향기

한限없이 내 모두를
당신에게 주리 오리니

그대 가슴의 풍요

바람인가
그대는 봄바람인가
나를 아껴준 정은
가을맞이라는데

그대 품 풍요 한가운데
내가 들어앉자
소근 새큰 하려는데

안달 난 이 마음은
몸살이 난 열병이오니
사랑 풍요로 쓰다듬어줄
밤낮이라 귓속에 울려주오

나의 조국

산과 산 사이
흘러가는 강물 태고의 신비를
억겁億劫으로 흐르고 흐름
산은 말없이 한자리 지켜
푸름을 강에 주었네라

원근으로 보고 보아도
이 강산 아름다움
내 조국 땅 위
한가로운 아름다운 숨소리
늘 푸르게 살아 가렸네라

고귀한 손길

당신은 신선한 청량제
꺼져 가는 생명에 빛
음지생활 벗겨낸
고귀한 희생의 손길

어느 사람이나
똑같은 베풂 주련 사랑
비가 오나 눈이 오나
거센 태풍이 몰아치나

늘 한자리 지킨 상록수常綠樹
오직 올곧은 한마음 한길
당신의 고귀한 손길 영원하리라

깨달은 길

팔공산 파계사 가는 길
멀고도 가까웠네라
훈풍 있는 날이나
산들바람이 있는 날이나
소슬바람 마찬가지
들바람도 마다하지 않았네

어느 곳에
약초 캐려던 생각
파계사 문턱에서 깨달아
그리운 고향초 반긴
그때를 다시 붙잡아 보렸네

기약 없는 사랑

내 가슴에 불타는 가을사랑은
만산홍엽 같은 울기불기 인데

그대를 기다리다가
한 시절 불꽃으로 다 태웠네

그러나 어쩌리
타버린 가슴에
그대사랑 씨앗 심어줄 때 까진

기약 없이 기다림도 눈물 멈춰
귀뚜라미 사랑가에 위로받아
시름 달랜 오늘이라 해야지

기쁨 놀이

고희 길 넘어
그 시절 못 잊어
팽이치고 굴렁쇠 돌려
널까지 뛰어 보네

마지막에 투호놀이 승부
차 한 잔 내기로
아쉬운 끝을 맺네

몸은 비록 세월 안은 몸이지만
또렷이 새겨진 그 시절 놀이
그때로 돌아가
기쁨 놀이 다해보렸네

봄맞이 서주序奏

봄비가 내리네
소리 없이 내린 이슬비
겨우네 움츠린 뿌리와 나뭇가지
기지개 펴 보슬비 맞아
새잎새 트란 단비었네

봄볕 맞는 기쁨
꽃망울 터트려
계절에 못다 함 없이
꽃다운 꽃핀 자태 보여

어리 둥둥 어울린 삶처럼
봄비는 다시 환생還生하란
한해 시작
아름답게 피란 자극이었네
해 맑게 맞이할 꽃님 되련 소망

봄이 왔건만 (시조)

소나무 사이사이 활엽수가 푸르렀다
가지마다 봄바람에 새잎 돋아나니
박새가 제 세상 만난 듯 이리저리 나는구나

봄 익은 푸른 색깔 잎마다 청춘이라
새들이 봄 맞는 소린 저리도 요란한데
내 님은 그 어찌하여 소식조차 없는가

■ 시집 해설 ■

조화로운 잠언적 교시敎示와 생명기호의 통신

– 장기웅 시인의 따뜻한 예감과 감동의 회복 –

엄 창 섭

(김동명학회 회장, 국제펜클럽한국본부 고문)

1. 물상에 대한 응시와 언어의 분별력

일찍이 대니엘 고들립은 자폐증을 앓고 있는 외손자 『샘에게 보내는 편지』 글에서 "우리는 네모나게 태어나서 둥글게 죽는다." 라고 기술하고 있다. 인간은 자기모순일 수도 있지만, 타인이 자신의 사고를 고집하면 편견을 지니고 완고한 것으로 매도하면서도 자신의 입장을 합리화하는 정황에서 '신념이 강하고 단호하다.' 라며 자기변명으로 일관하는데 익숙하다. 차지에 다행스러운 것은 한국문인협회의 회원으로, 철학박사이며 건축사로 폭 넓게 활동 중인 운서(云瑞) 장기웅 시인이 팔순을 바라보는 연륜에 그 자신의 정신적 생산물인 시집의 간행은, 물상에 대한 응시와 언어의 분별력을 인식한 결과로 일상의 감동을 회복할뿐더러 삶의 교시를 신선하게 안겨주기에 더 없이 유의미하다. 까닭에 "맑음 향한 발걸음 마음 길/ 서서히 오르막 올라/ 하늘에 뜻 기려 어루만져/ 모든 것 비워 놓은 채 바람처럼 걸었네.(맑음 향한 마음 길)"에서와 같이 삶의 일상에서 감동을 회복시켜주는 고독한 정신적 행위는 새로운 양상으로 태어나고 변모할 수 있는 멋진 일이기에 눈물겹게도 감사할 일이다.

소박한 평자의 주장이지만 비열한 이기주의가 팽배한 현대사회는 새삼 역사의 정체성과 문화인식의 안목과 확장이 요청되기에 국가나 기업, 그리고 개인은 치열한 경쟁의 후기산업사회에서 살아남기 위해서 '노왓(know-what)'이라는 기업문화(목적의식)의 인식과 미래상품의 개발에서 원천적 힘이 되는 문화인식의 새로운 이해를 위하여 모름지기 시적 상상력을 확장해 나가야 한다. 아울러 보다 생명력 있는 현대시의 생산을 위해서도 활력이 넘쳐 날 창조적인 에너지(Golden Brain)를 지속적으로 추구할 일이다. 그러나 보다 자명한 것은 "우연의 일치가 아닌/ 까치의 정확한 건축기술/ 바람서리에 불변/ 삶의 영속 곳곳에 이어짐/ 지혜 모은 둥지 섬세한 모양/ 그 속에 삶의 노래 사랑의 노래/ 춘하추동 이어있네.(삶의 영속永續)"처럼 소중한 삶의 일상에서 모국어의 속살을 소통의 도구로 삼아 부단히 '뜨거운 삶의 노래는 거슬림 없이' 감동을 회복시키는 의미 있는 정신작업으로 이행되어야 한다.

이 같은 현상에 비추어 따뜻한 예감의 시인 장기웅 박사가 역사의 정체성(identity)을 각인시킨 경고성 메시지에 해당할 시전집에 해당하는 제1시집 『조국을 빛낸 성좌(星座)』, 제2시집 『어머니 정감(情感) 어린 향기』, 제3시집 『물꽃이 세월에 애원(哀願)한들』을 통하여 혼돈 속에서도 시적 상상력을 놀랍도록 확장시키며, 삶의 지혜를 격조 높은 느림의 시학에 대한 예증은, 정신작업의 종사자에게 시대적 소임을 이행하는 집념으로 해석되어진다. 아울러 "차마 그 시절이 다시 오라지만/ 소망이라 나불거릴 뿐/ 지난날이 까물거려/ 그때여 다시 돌아오란 느낌을/ 손가락에 비벼보네.(어리둥절 보낸 기회)"에서와 같이 역사와 실존, 우정과 애정, 과거와 미래, 감각과 의지를 소통의 도구로 지식층의 몰이기주의적 행태를 인상 비평적으로 평가한 폭넓고 다양한 심층적 이해와 접근은 새로운 의미로 명증되기에 「조화로운 잠언적 교시(敎示)와 생명기호의 통신」이 정신작업의 조망(眺望)으로 논의되기에 결코 부족함이 없다.

2. 예언자적 잠언과 감동의 회복

공허한 자위나 도로(徒勞)일 수도 있지만 평자는 정신작업의 종사자로 짧지 않은 시간대를 비교적 순수서정시의 창작과 시적이론에 몰두하여 왔다. 비교적 밝음 추구의 미래지향적인 장기웅 시인은 현실에 안주할 팔순을 바라보는 연륜임에도 즉물적 현상에 머뭇거림이나 주저함을 거부한 긍정적 사고의 실체이다. 그는 21세기의 화두인 '더불어 함께'라는 공동체 의식(inter-being)에서 비롯된 '보다 미끄러짐의 詩學'에 근거하여 현대시의 창작과 실제에 도움을 줄 수 있는 텍스트의 필요성을 절감해 오면서, 오랜 날 누구나 스스럼없이 등을 기댈 수 있는 버팀목이 되어 주는데 일에 열중해 왔으며, 현재에도 상처 받은 영혼을 치유(healing)하는 시인의 역할분담에 놀랍게도 충실하고 있다. 장기웅 시인의 이미지 형상에 있어 "제도판 위에서/ 손에 스켈 쥐어/ 축척·확대를 반복하면서// 티T자와 삼각자 맞대어/ 수많은 선을 긋고 자르고/ 새로운 공간을 구축하련 손놀림(축척이 남긴 족적足跡)"이라는 형사(形似)에 충직한 독자는 제도판 위에서 반복되어지는 그만의 삶의 흔적을 쉽게 발견할 수 있다. 어디까지나 그의 지극히 생산적인 정신작업으로서의 시 쓰기는 '언어의 집짓기'로써 설계를 위한 제도판 위에서 치열하게 반복되어지는 복잡한 갈등구도의 정화를 위한 고뇌의 결과물임을 파악할 수 있다. 까닭에 서정적 인자가 가라앉은 선율로 장식되어 일상의 감동을 회복시켜주는 진지한 정신적 산물로서 모순·혼돈의 통로를 거쳐 이행되었음은 쉽게 발견할 수 있다.

> 어머니 정겨운 그 이름에/ 왈칵 가슴 저며오는 공허함을/ 못내 그리움으로 달래어 본다//
> 늘상 가슴 따뜻한 깨우침으로/ 지혜롭게 살라던 어머

니 잠언箴言은/ 세월 벽 물발에 부딪쳐도/ 불러보는
흐느낀 심사心思로/ 그렇게 많이도 흘러서 왔다//
풀어 헤진 치마끈 졸라매신 몸으로/ 밀방아 찧어 채
로 치시어/ 밀가루에 콩가루 반죽하셔//
안반 위의 홍두깨질 하신/ 그때 그 모습 아련 아련 마
음에 맺혀/ 아직도 또렷이 그 형상은 눈에 아리 운다//
밀가루 정성껏 뿌려 다시 밀어/ 날렵하게 가지런히
썬 칼질 소린/ 다시 보고픈 여울져 어울린 환상의/
그리운 미련 엮인 몫으로 남아//
지금도 울컥 생각나는 그때 그 손놀림/ 다시 보고파
억장 내려앉는/ 정감情感 어린 결정체의 절정은/ 체취
묻어나는 맛깔스런 솜씨로 이어져//
또다시 어머니 보고픈/ 뜨거운 한스런 눈물 어리운
애달픈 하소연은/ 포근하게 보담아 길러주신 사랑의
손길/ 체취 묻어난 젖가슴에 파고들어 안기고파//
목숨처럼 소중한 어머니를/ 겨울 초입初入에서 나직이
불러보다가/ 동지섣달 긴긴 밤 지새워 빛바랜 영정影
幀 앞에/ 다시 한 번 흐느껴 목 메이도록 불러본다//

- <어머니 정감情感 어린 향기> 전문

특히 소중한 인간관계에서 시의 종자를 발아(發芽)시켜 어머니라는 모성의 변형을 거쳐 상징적으로 대지의 이름을 갖게 되는 존재, 즉 혈연의 소중함을 일깨워 〈어머니 정감(情感) 어린 향기〉에 담아내고 형상화 시켜 "또다시

어머니 보고픈/ 뜨거운 한스런 눈물 어리운 애달픈 하소연은/ 포근하게 보담아 길러주신 사랑의 손길/ 체취 묻어난 젖가슴에 파고들어 안기고파// 목숨처럼 소중한 어머니를/ 겨울 초입에서 나직이 불러보다가/ 동지섣달 긴긴 밤 지새워 빛바랜 영정(影幀) 앞에/ 다시 한 번 흐느껴 목메이도록 불러본다."와 같이 고정의 틀로 확장하여 '생명의 본원이요, 모성인 어머니'를 시적 매개물로 격정의 정감을 눈물겹게도 절제시켜 감미로운 서정성으로 다시금 회복시켜 보이다 못내 가슴 저려오는 힘겨운 고뇌는 눈물겹게도 역동성으로 빛나고 있다.

유년시절의 그 아득한 기억에 잠재된 마음이 항상 자리매김한 공간은 정신작업의 종사자에게 있어 정서적 양감(量感)의 표징인 고향에 빗대어지기에 장기웅 시인 경우에도 예외일 수 없다. "타향살이 그 얼마라도/ 고행한 고독 벗어// 따뜻한 내 고향/ 흙을 만져 인사 하리다(고향의 흙)"나 "뉘라서 사랑의 기쁨/ 참 사랑 맛 감미(甘味)로움/ 나에 사랑/ 가슴팍에 새겨 놓지 않으오리(내 마음 머무는 곳)"에서 확인되듯이 "난초 잎처럼 곡선 멋 그려있는/ 멋이 담긴 슬기라 보아주소서/ 물소리 새소리 듣고 파도/ 들을 수가 없는 형태이나(숲 속에 어울린 삶)"에서 발현되는 청정하고도 아아(峨峨)한 청산, 그리고 아름답고 조화로운 "같은 높이/ 꼭 닮은 모양/ 물꽃이 간지럽게 피어난다(호반의 풍경)"는 즉물적 현상을 통한 시적 발현(發顯)이 깊은 사유를 통하지 아니하고 일상의 생활을 안이

하게 풀어쓴 듯하지만, 자신의 체험을 언어를 변형시켜 그만의 특이한 체취, 육성, 느낌에 의한 시적 수사와 시 의미로 빚어내고 마침내 자존감을 회복시키는 이미지의 형상화이기에 높이 평가해도 결코 지나치지 아니하다.

> 한천 맑은 물빛/ 그 물속에 첨벙 들어가 멱 감고/ 피라미 잡아 좋아라 웃음 지은/ 그때가 손에 집혀 간지럽다//
> 나에 집 하무실에서 지고개 넘어/ 서부학교 정문을 들어설 때/ 눈에 들어오는 운동장/ 떵그렁 찡그렁 들리는 종소리/ 팔순으로 가는귀에 쟁쟁하다//
>
> - <모교는 영원永遠하리>에서

이 같은 정신기후의 조성에 있어 '마음에 묻은 금가루도 먼지가 된다.'는 성철 스님의 법어처럼 정신적 궁핍보다 물질적 풍요를 소망하는 대다수 현대인을 위한 '자성의 일깨움'은 삶에서 오는 극명한 기쁨으로 인간이 맞닥뜨리는 모든 고통과 역경에 맞서는 긍정적 사유(思惟)의 가르침이다. 잠시 살아온 날을 뒤돌아보는 마음의 평정(平定)을 모국어의 속살을 통해 '그때가 손에 집혀 간지럽다, 팔순으로 가는귀에 쟁쟁하다' 라는 감미로운 시적형상화로 발현(發顯)시킨 그의 맑은 영혼과 날(刃) 푸른 신념의 드러남은 못내 신선해 감동적이다.

그렇다 다 그렇다/ 왔다가 가고 다시 돌아오는/ 자연 순환은 삶의 윤회라// 별스럽게 느끼다가도/ 전혀 무관심無關心한 태연에 묻히다가// 돌고 돌아오는 계절의 변화엔/ 삶의 모양 엇바뀌었더라// 네 삶의/ 순환이란 윤회가 그렇게 저렇게//

- <윤회輪廻>에서

모름지기 인간은 어떤 운명의 별 아래 태어나서 저마다 자신에게 허락된 십자가를 짊어지고 살아가는 존재이다. 우리네 짧은 생애를 통해 중요한 것은 '길은 가까이 있다.'는 맹자의 가르침처럼 삶의 일상에서도 흡족할 줄 알고 깨닫는 존재로 수분(守分)의 철학 또한 수시로 확인하여야 한다. 이 점에 있어 가을날 두물머리 해 저문 강에 노을이 질 때, '아흐, 아름답다.' 라는 감탄이 절로 울림하듯 삶이란, 함부로 낭비하기에는 너무 존엄하다. 이처럼 지극히 "자연 순환은 삶의 윤회"로 교시한 시적 형상화는 그 나름의 역동성을 지닌다. 그렇다. 서산대사의 "눈 덮인 들판 길을 걸어갈 때, 함부로 어지럽게 걷지 마라. 오늘 내가 가는 이 발자취는 뒷사람의 이정표가 될 것이다." 라는 가르침을 반복하여 되 뇌여도 결코 지나치지 않을뿐더러, 제3시집의 표제 시에 해당하는 〈물꽃이 세월에 애원(哀願)한들〉을 통해 보다 명백하게 입증된다.

가는 세월을 어찌하리/ 바람에 몸 부딪쳐 살다가/ 그 세월에 묻혀 버림이었지//
울고불고한들/ 멀리 간 세월 잡아 끄어 가지 말라 하리/ 이 몸 역시/ 한자리 머묾이 아니었으니/ 세월 따라 그저 그렇다 살다봐야지//
무슨 말 늘어놓아/ 가는 나날 붙들어놓으리/ 내 청춘 돌려 달라/ 물꽃이 세월에 애원哀願한들//
지난 세월에 매달려 울어 불러본들/ 애달프단 하소연 달갑게 들어주리/ 흘린 눈물만이 콧등에 닿음이었지//

- <물꽃이 세월에 애원哀願한들> 전문

한편 시적상상력의 확장에 의한 발상의 전환으로 그만의 열정적이고도 투명한 결과물로 "칡넝쿨은 어찌하여/ 내 손발 묶으라 하는 건가// 태평연월太平年月이/ 캄캄하게 서러워/ 꿈꾼 자리라 하는데(열린 문턱)"에서와 같은 접근은, 지혜로운 삶의 잠언(箴言)이기에 지극히 감동적이다. 특히 "예술에는 국경이 없지만, 예술가에게는 조국이 있다."는 평자의 소박한 지론처럼, 밝은 미래사회를 열어가야 할 삶의 일상에서 인간소외의 고통을 절감하는 이들을 향해 따뜻한 관심을 지녀야 한다. 때문에 장기웅 시인은 철학가답게 화자(persona)만의 아련한 유년의 기억 흔적을 한 장의 정신풍경으로 형상화하여 "푸른 하늘 푸른 마음/ 강산 변한 일곱 해/ 고향 생각은 한결같건만/ 어찌다가 흰머리 눈부시게 되었는가(가고픈 고향)"나 또는

"멀리 보이는 긴 머리 여인/ 겨울 산자락 뒤로한 채/ 어디로 총총 가고 있는가(봄이 오는 길목)"에서처럼 시적 대상이나 정감을 따뜻한 감성으로 꼼꼼하게 풀어내 보이고 있다.

특히 조상의 뼈가 묻혀 있는 산촌과 살을 부비고 살아가며 서정성과 미적 주권을 확립한 그는 동시대에 몸담고 있는 불행한 이웃에 대해 한결같은 사랑의 불을 지피는 지극히 감성적이며 예언자적인 정신작업의 종사자임에 틀림이 없다. 기실 우리의 삶에 있어 특정한 누군가와의 만남은 때로는 운명적이기에, 그 자신도 '때로는 물같이, 불같기도 하고, 때로는 바람 같기도 한 만남의 소중함'을 〈꽃망울 웃음〉을 통하여 "어떤 님의 손길에 걸려/ 산골에 시집온 동백나무/ 못내 서식지棲息地 눈에 밟혀/ 목 놓아 밤을 지새우네." 라며 미적주권이 확립된 서정성으로 나직이 읊조리고 있다. 더없이 서정시 쓰기가 힘겨운 우리 문단의 현상에서 머뭇거림 없이 "다정하게 오가는/ 꽃 웃음/ 입술에 머문 꽃말이 열리네(꽃 웃음)"나 또는 "혼자 가상한 술래 잡이와 숨바꼭질처럼/ 설레이고 설레인 애상愛像의 사모(내 가슴에 젖어든 사랑)"처럼 푸른 식물성 언어로 순수서정성을 꽃피워내는 그의 지난한 몸의 시학은 더없이 경이로울 뿐이다.

21세기 문화의 지역구심주의에 대한 정체성은 자긍심의 확립이기에 복효근의 시적 변명인 『누우 떼가 강을 건너는 법』에 대한 시적변명은 한번쯤 인식할 타당성이 따른다. 우리의 존엄한 삶에 있어 필연적인 만남은 인격 형성에 큰 영향을 미칠 뿐 아니라, 위대한 민족의 혼이나 사상을 심어주는 기연(奇緣)은 삶의 지침을 돌려놓기에 정신적으로 보다 삶을 눈부시게 하는 내적 풍요와 충만의 인자(因子)가 된다. 까닭에 따뜻한 정신기후를 조성하여주는 참 좋은 시인인 그에게 있어 조국에 대한 애정은 남다르다. 그 자신이 "조국애 피고 핀 가지/ 영원무궁 하여라.(무궁화)"고 나라의 꽃인 '무궁화'에 대한 각별한 관심사는 바로 삶의 일상에서 접하는 사물에 대한 그 같은 따뜻한 사물의 응시(凝視)와 섬세함은 인간소외의 경계허물기로 변형될 것이다. 이와 같이 어려움에 처한 인간소외의 아픔을 겪는 이들에게 삶의 소망이며 변주의 통로인 감미로운 예술작품을 통한 다이돌핀(didorphin)의 생성은 그만의 의미망을 지닌다.

모름지기 삶이 공존하는 공간과 시간대에서 부단한 수고와 노력을 요하는 정성스러운 결과물인 까닭에 생명의 촛불이 다 연소되기 전에 인간과 진리, 그리고 자신에 대해서 열정을 쏟던 젊은 날의 순수한 감동이 대륙의 심장에 깊이 자리매김한 탓이기에, "바람이 오는 날엔/ 밝은 빛 잎새마다/ 맑게 살라 할리니(생명 끈)"에서나 "가슴으로 포옹하고 싶은/ 냉랭한 겨울 녹일 열기(보고 싶은 얼굴)"로 명증되고 있다. 존재감을 회복하는 삶의 일상에서 지극히 감동을 눈물겹게 파상적으로 회복시키는 심성이 선한 그에게 허락된 삶은 보편적으로 밝은 미래사회를 추구하는 일관된 노력으로 '창조적 극소수'의 긍정적 삶의 눈부신 편린(片鱗)과 잇닿아 있다. 뿐만 아니라 꼬인 전통의 실타래를 풀어가며 항시 정신기후와 시적 토양을 따뜻하고 풍요롭게 조성하려는 좋은 시인은 독자의 시대적 요청에 부응하며 어느 만큼의 만족을 감동으로 이행시키는 존재이어야 한다. 차지에 "어제는 역사이고, 내일은 신비이며, 그리고 오늘은 선물이다. 그렇기에 우리는 현재(present)를 선물(present)로 인식하여야 한다." 일단, 여기서 표현론자들은 문학을 작가의 내면인식에서 꿈틀거리는 심리적 충동이나 상상력에 의해 이루어지는 것으로 이해하고 있음은 간과치 말아야 한다. 앞서 그리스의 칼릴 지브란이 『예언자』에서 "사랑이 그대들 두 영혼의 기슭 사이에서/ 출렁이는 바다가 되게 하십시오./ 함께 서 있되 너무 가까이는 서있지 마십시오./ 사원의 기둥들도 떨어져 있고,/ 참나무와 삼나무도 서로의 그늘 속에서는/ 자랄 수 없기 때문이다." 라는 기술은, 급기야 "내 비록/ 눈여겨보아 주지 않는/ 민들레지만/ 계절엔/ 민감한 삶이 있네.(민들레)"에서 확인되어지듯 그의 담백한 시격(詩格)에 맞물려 있기에, 충직한 이 땅의 소외계층에 대한 경계 허물기라는 또 다른 관심사이기에 실로 눈물겹다 할 것이다.

3. 인식의 전환과 긍정적 사유(思惟)

19세기 베를린대학의 총장을 역임한 피히테(Johann Fichte)는 「독일 국민에게 고함」이라는 논고를 통해 놀랍게도 황폐화 되는 독일의 근대화를 한 세기 앞당기며 민족혼을 일깨운 인물이다. "독일인은 본래의 주소를 바꾸지 않지만 다른 민족은 그 주소를 바꾸고, 독일인은 본래의 국어를 유지하고 이것을 발달시켰으나, 독일국민에게서는 다른 어떤 국민에게서 보이지 않는 본원적인 생명의 샘이 흘러나오고 있다."는 지적은 세계화를 지향하는 오늘의 우리에게도 충격적인 교훈을 일깨워주기에 피히테의 깊은 통찰력은 보편적 진리로 해석되어야 할 것이다.

초가와 기와집/ 옛 자리 모두가 어디로 갔나/ 사각 건물 치솟아나 형성한 군락/ 그토록 가슴 저리게 힘겨워 살던//
그 시절 그때 그 님들 다시 돌아오신다면/ 산전벽해山田碧海 여기가 어디냐/ 누군가에 되묻고 싶은 충동衝動에/ 마냥 구절장단 입소리 춤을 추오리라//

- <건물 숲 자리>에서

따라서 확고한 역사의 정체성이나 건강한 비판정신 없이 비생산적인 문제를 끊임없이 제기하는 정객들이 넘쳐나는 암울한 이 땅의 현상에서, 충직한 이 땅의 독자들은 장기웅 시인이 〈건물 숲 자리〉를 통하여 "사각 건물 치솟아나 형성한 군락→산전벽해(山田碧海) 여기가 어디냐"라는 도식에 의한 도시의 현대화에 한번쯤은 생각의 속도에 대해서도 곱씹어 보아야 한다. 이것은 지식과 정보가 광속으로 전파되는 지식·정보화 사회에 몸담고 있음으로 하여 다양한 정보의 공유로 정신적 공해를 입은 현대인의 대처능력에 대한 창조적 사고에도 이목(耳目)을 집중해야 치열한 시장원리를 극복할 수 있다. 한편 총체적으로 우리가 직면한 위기적인 상황은 도전과 실험정신으로 적극적으로 대응할 때야 극복할 수 있고, 이처럼 역경을 극기해야만 변화·발전된 단계의 선진사회로의 자리 매김은 자명할 것이다. 인류의 역사는 혼돈 속에서도 발전을 거듭해 왔기에, 민족의 큰 어른이었던 함석헌 옹의 〈그 사람을 가졌는가〉 라는 시편을 심장에 새겨 "온 세상의 찬성보다도/ '아니' 하고 가만히 머리 흔들 그 한 얼굴 생각에/ 알뜰한 유혹을 물리치게 되는/ 그 사람을 그대는 가졌는가."와 같이 절대적인 존재자를 소유하여야 하고, 따뜻한 감성에 꿈같은 가슴 설렘으로 다이돌핀(didorphin)을 감미롭게 쏟아줄 일상의 감동을 회복해 나가야 한다.

이와 같이 내적 충만인 깊은 사유를 통하여 '일상의 평안과 영혼의 치유를 위한 상생의 해법'을 모색한 끝에 장기웅 시인은 눈부신 자신만의 결정체를 세상에 빚어 놓았다. 무엇보다 신뢰성의 회복을 확신하는 그 자신은 놀랍게도 오랜 날 견고한 고독 앞에서도 따뜻한 정신기후를 조성하기 위하여 고뇌하며 대한민국 국민의 자존감을 놀랍게 회복시켜준 은반(銀盤)의 요정 김연아 선수를 "은반 위 깃털처럼 부드러운 그녀 으뜸/ 힘차게 솟구쳐서 팽이처럼 돌고 돌아/ 감동의 한순간 맞아 지구촌 위를 넘나든다(은반 위 여신女神)"에서 그날의 감동을 새삼 비정한 이기주의의 시대에 몸담고 있는 우리들에게 강렬하게 극찬하고 있다. 그렇다. 우리가 무심하게 흘려버린 오늘은 앞서 간 어제의 그들이 그렇게 목숨처럼 소중한 미래의 시간대였음을 기억할 일이다. 그의 시편 "원근으로 보고 보아도/ 이 강산 아름다움/ 내 조국 땅 위/ 한가로운 아름다운 숨소리/ 늘 푸르게 살아 가렸네라(나의 조국)"는 정감과 시적의지로 법정 스님의 유지문(遺志文)인 "내생에도 다시 한반도에 태어나고 싶다. 누가 뭐라 한대도 모국어에 대한 애착 때문에 나는 이 나라를 버릴 수 없다."를 심장에 새겨 줄 것을 기대할 뿐이다. 까닭에 "쫓겨났구나 / 사랑에 보금자리/ 우중에 쫓겨났구나// 겨울 녹인 봄비 맞아도/ 사랑 여윈 가슴앓이처럼/ 하염없이 내린 빗줄기/ 피하지 못한 채(비둘기 너는)"에서 참담한 '성북동의 비둘기'가 다시금 연상되어지듯 소외된 인간관계의 회복과 오염된 바다를 2-3%의 염분이 정화시키듯 이 시대의 '진정한 극소수의 창조자로서 시대적 소임'을 엄숙하게 수행하여 줄 것을 조심스럽게 기대할 뿐이다.

결론적으로 온유한 심성의 소유자인 장기웅 시인은 창조적 언어, 영혼의 잠식과 시 의미, 그리고 언어의 심연을 위해 갈등구조가 내재된 삶의 처소에서 자신의 시혼을 당당히 펼쳐내고 있다. 그 같은 인자(因子)로 모든 강물이 합일하여 '생명의 본원'인 바다에 이르는 일체의 대상을 끌어안고 포용하는 대의(大義)로 '자신의 체취와 음성, 느낌'을 눈부신 시어로 빚어내는 지난(至難)한 몸의 시학은 오래 기억될 것이다. 모쪼록 그에게 기대되는 평자의 소박한 바램이라면, 홀로 아득한 사유(思惟)를 합리적으로 통용하되 미끄러짐의 시학에 근거하여 시적 고뇌를 긴장의 끈을 늦추지 말아야 함은 물론, "창조자의 이름에 합당한 것, 신과 시인 말고는 없다."는 지적처럼 세상적인 연륜과는 무관한 영감의 비의(秘義)를 해명하는 '순수서정시의 초병(哨兵)'으로서 시대적 소임을 올곧게 실천궁행할 것을 절박한 심사(心思)로 소망한다.

조국을 빛낸 성좌

인쇄 2014년 4월 24일
발행 2014년 4월 30일

지은이 / 장 기 웅
펴낸이 / 김 창 석
펴낸곳 / 홍익출판사

주소 / 대구시 중구 동덕로26길 78
전화 / 053) 421-6700, 427-3627
팩스 / 053) 423-5965
등록번호 / 1987년 11월 26일 제1-107호
E-mail / hongick88@hanmail.net

정가 10,000원

ISBN 978-89-7826-255-2 03800

• 잘못 만들어진 책은 교환해 드립니다.

이 도서의 국립중앙도서관 출판시도서목록(CIP)은 서지정보유통지원시스템 홈페이지(http://seoji.nl.go.kr)와 국가자료공동목록시스템(http://www.nl.go.kr/kolisnet)에서 이용하실 수 있습니다.
(CIP제어번호 : CIP2014014037)